ROBERTO PALUMBO

COMUNICARE EMOZIONANDO

I segreti per parlare in pubblico con
sicurezza, per suscitare emozioni
e lasciare un segno profondo

Titolo

"COMUNICARE EMOZIONANDO"

Autore

Roberto Palumbo

Editore

Bruno Editore

Sito internet

http://www.brunoeditore.it

Sommario

A Cristina

fonte pura e inesauribile

di autentiche emozioni

Introduzione

Pensa a come sarebbe la tua vita se riuscissi a...

...esprimerti con sicurezza davanti a chiunque

...creare forti emozioni in chi ti ascolta, fino a fargli venire i brividi

...lasciare, in ogni occasione, il segno profondo del tuo carisma

...fare in modo che le persone parlino a lungo di te; della tua capacità di capire gli altri e della facilità con cui riesci a entrare nel loro cuore

...diventare un "mito"!

Molte persone ritengono che queste siano doti riservate a pochi eletti nel mondo, oppure che sia possibile acquisirle solo dopo anni e anni di studio. Altri pensano che dipenda dal carattere; quindi, se sei un timido non ce la farai mai. Sono perplessità assolutamente legittime, ma non veritiere, che troveranno adeguata confutazione nel volume che stai leggendo.

Ti tolgo subito qualche dubbio. È vero, ciò che stai per apprendere è il frutto di anni di studio, di pratica, di test e di tentativi che, alla fine, sono diventati conferme. Queste conferme, opportunamente ricontrollate, sperimentate e affinate hanno poi portato tantissime persone a raggiungere grandi risultati. Io, ad esempio, sono una di quelle e... sono un timido!

La buona notizia è che tu non hai bisogno di rifare l'intero percorso per ottenere i tuoi successi personali, perché adesso hai l'opportunità di sfruttare il lavoro già svolto da altri! Hai davanti a te i risultati di una ricerca lunga e paziente, alla quale ho dato il nome di "Comunicazione emozionale". L'ebook *Comunicare Emozionando* è un corso che ti permetterà, in poco tempo, di capire e sfruttare i segreti della comunicazione per conquistare ed emozionare le persone che ti sono accanto.

Avrò l'onore, il piacere e la responsabilità di condurti per mano nell'affascinante mondo della comunicazione umana e ti insegnerò ciò che ho appreso durante il mio percorso, studiando le neuro-scienze; osservando e modellando i grandi comunicatori e sperimentando di persona ciò che negli anni ho interiorizzato.

Non importa se sei un impiegato, un professionista, un artista o una casalinga: la capacità di "toccare il cuore" della gente può essere acquisita da chiunque, in ogni ambiente e a qualsiasi età.

Questo ebook, ripeto, nasce dopo tanti anni di esperienza in questo campo ed è la versione scritta di un corso che tengo personalmente in aula, chiamato "Comunicatori straordinari!®" Non si tratta, però, di un *semplice* corso, ma di un vero e proprio viaggio all'interno delle emozioni che risiedono dentro e intorno a noi. Un viaggio necessario, perché solo dopo aver scoperto l'universo *dentro* di noi possiamo esplorare il mondo *intorno* a noi.

Per motivi di lavoro, di interessi personali e di studio ho la fortuna di testare continuamente ambienti e situazioni completamente diverse tra loro, dalle quali, ogni giorno, attingo informazioni preziose sul comportamento umano. La mia esperienza si è consolidata in anni e anni di studio, incontri, conferenze, presentazioni, spettacoli e ore d'aula, con qualsiasi numero di partecipanti e nei campi più disparati, da quello istituzionale a quello del palcoscenico.

Sono già autore del libro *Dalla realtà al sogno* (edizioni Lamusa), che è rivolto interamente al settore artistico. Questo secondo ebook, *Comunicare Emozionando*, ha l'obiettivo di estendere i principi della comunicazione emozionale alla generalità dei rapporti umani; anche perché le regole per creare un rapporto emozionale sono universali, e, come vedrai tu stesso, sono anche semplici. Adesso hai l'opportunità di apprenderle, interiorizzarle e utilizzarle a beneficio tuo e delle persone che ti circondano o che sceglierai di incontrare.

Un ultimo consiglio. Non leggere questo ebook come se fosse solo un manuale. Pur avendo le caratteristiche di una guida pratica, questo lavoro contiene delle indicazioni che devono essere apprese in situazioni di sereno rilassamento. Perciò ti consiglio di leggerlo gustandoti ogni paragrafo, e concedendoti l'opportunità di rivedere con calma, nel tuo schermo mentale, le cose che hai letto; mettendoci il tempo che vuoi; consapevole del fatto che il tuo inconscio trattiene tutto ciò che leggi con piacere.

Leggilo con un atteggiamento di curiosità e, perché no, di avventura: l'avventura di scoprire l'immenso universo di risorse che hai dentro e che, da oggi, saprai tirar fuori al momento giusto. Per essere in grado di far questo automaticamente, devi **trasformare le tue conoscenze in azione**. Applica immediatamente e costantemente tutto ciò che apprendi; solo così sarai in grado di acquisire e padroneggiare realmente le strategie dei comunicatori straordinari.

La ripetizione continua e, direi, appassionata di ciò che stai imparando farà in modo che tutte le abilità vadano a installarsi in quella parte del tuo cervello che viene denominata "competenza inconscia".

In questo luogo risiedono già altre competenze e abilità che tu utilizzi senza ormai rendertene conto, come ad esempio, l'abilità di guidare. Se hai la patente già da qualche anno non credo che mentre guidi pensi ancora: «Adesso devo abbassare la frizione; poi inserire la marcia; poi sollevare nuovamente il piede dal pedale…» e così via, giusto? Questo perché l'abilità di guidare è diventata una tua competenza *inconscia,* ovvero automatica; così come è automatico andare in bicicletta o nuotare o lavarti i denti.

Anche l'abilità di comunicare con efficacia, dunque, andrà a far parte delle tue competenze inconsce ed emergerà ogni volta al momento giusto.

I risultati che ti prometto sono, quindi, assolutamente possibili e reali. Ma li raggiungerai solamente a condizione che tu ci metta **impegno, determinazione e fiducia**, che, a loro volta, ti deriveranno dal **credere** profondamente in quello che stai facendo.

Io stesso, prima di diventare un vero formatore, ho letto centinaia di libri, dispense e documenti dedicati alla crescita personale. All'inizio, però, leggevo e basta. E, nonostante la materia mi piacesse da morire, mi trovavo sempre allo stesso punto, continuavo, cioè, a rimanere un lettore; sicuramente sempre più esperto, ma pur sempre un lettore e nulla più. Vedevo persone che erano partite insieme a me e che facevano già le loro prime esperienze da formatore, mentre io – che, tra l'altro, mi consideravo molto più preparato di loro – continuavo a essere un *semplice* consulente esperto.

Eppure il mio cuore mi diceva che la mia strada era quella di insegnare queste abilità e che avevo già tutte le competenze per farlo. L'unica cosa che mi mancava era, appunto, *farlo* realmente.

A quel punto, decisi che era arrivato il momento di realizzare quel sogno, per cui feci un vero e proprio piano d'azione, programmando deliberatamente e con attenzione i passi che mi avrebbero portato a diventare un formatore stimato e ricercato. Cominciai a fare l'assistente al trainer presso il primo istituto di formazione con il quale mi ero specializzato e da quel momento le mie opportunità si moltiplicarono in maniera esponenziale.

L'assistenza, infatti, mi dava l'opportunità di dimostrare concretante ai corsisti l'applicazione dei principi. E più dimostravo agli altri, più diventavo a mia volta esperto e più ricevevo soddisfazioni e gratificazioni; e il ciclo continuava. Poi frequentai altri istituti di formazione e dall'assistenza passai a fare sostituzioni di altri trainer, prima su argomenti specifici, poi sull'intero corso. Accumulai così esperienza e ore d'aula, e consolidai tutte le mie conoscenze in maniera indelebile, perché erano ormai confluite nella *competenza inconscia*.

Successivamente ho sfruttato le mie abilità anche in altri campi, con enorme successo. Avendo una fortissima passione per l'illusionismo, ho creato una serie di spettacoli nei quali presento degli effetti magici che io chiamo "emozionali". Ti assicuro che anche in uno spettacolo di magia, quindi al di fuori del campo specifico della formazione, riesco a far ridere, commuovere e stupire *a comando* il mio pubblico; sì, perché l'esperienza acquisita mi ha trasformato e arricchito a tal punto che è diventato ormai naturale, per me, *comunicare emozionando*.

I miei spettacoli sono sempre un successo e grazie ad essi ho la possibilità di testare continuamente le tecniche della comunicazione emozionale, consolidando, grazie al pubblico che affronto continuamente la mia esperienza sul campo.

Come ti accennavo, per il settore artistico ho già scritto il libro *Dalla realtà al sogno*, che era un modo per richiamare l'attenzione sull'enorme potenziale che abbiamo dentro. Esso non aspetta altro se non di essere tirato fuori. Sono passati tanti anni, tutti indimenticabili, durante i quali ho creato tante realtà in diversi settori, dal lavoro, alla formazione, all'arte, e che mi danno grandi soddisfazioni.

Ripenso spesso a questo mio percorso e mi rendo conto, ogni volta, che tutto è iniziato da una decisione: **la decisione di agire**, di mettermi in moto; di programmare concretamente i passi che avrei dovuto effettuare per quell'obiettivo che sentivo così forte nel cuore. E la strada, fortunatamente, è ancora lunga e la percorrerò programmando nuovi traguardi che raggiungerò grazie all'impegno continuo e appassionato. E sono certo che anche tu sei mosso da questa straordinaria energia che ti permetterà di emergere, fare la differenza e raggiungere i risultati che ti stanno veramente a cuore.

Impegnati davvero, credendo in quello che fai. Programma adeguatamente la tua crescita personale senza avere troppa fretta. Non mi interessa sapere *soltanto* che sei diventato un comunicatore straordinario in una settimana, o che già dopo tre giorni riesci a catturare l'attenzione; ho a cuore che tu assimili questi concetti rispettando i tuoi tempi.

Assapora, dunque, il cambiamento che avviene mentre leggi e

agisci con nuove abilità. Durante il tempo che passa guarda te stesso nel nuovo ruolo, ascolta il tuo corpo e, quando ne ricavi emozioni, vivile profondamente e completamente, con l'animo di chi riscopre la vita per la seconda volta.

Ti auguro buon viaggio perché... stiamo per partire!

Roberto Palumbo

PARTE PRIMA

DENTRO

GIORNO 1:

Come far vibrare l'anima di chi ti ascolta. Perché "comunicare emozionando"

Perché "comunicare emozionando"? Come e perché impostare la propria comunicazione sfruttando la potenza delle emozioni

Ti sei mai chiesto qual è la differenza tra chi racconta una barzelletta facendoti rotolare dalle risate e chi, dicendo esattamente le stesse parole, ti lascia indifferente? Che cosa fa di diverso chi "la sa raccontare"? Analogamente, ti sei mai chiesto come fanno certe persone a catturare l'attenzione di migliaia di individui, a far venire loro i brividi, a farli piangere o ridere e, soprattutto, a farlo in maniera naturale?

È molto semplice: queste persone **trasmettono emozioni**.

Questo è l'assunto su cui si fonda la comunicazione emozionale, ed è un concetto da tenere a mente durante tutto il nostro percorso. Se vuoi veramente **comunicare emozionando**, lasciando il segno del tuo carisma, devi imparare a far vibrare le "corde" nell'anima di chi ti ascolta. All'interno della "mappa" che stai leggendo troverai le indicazioni, gli strumenti e le strategie per imparare a trasmettere emozioni.

SEGRETO n. 1: le persone che riescono a catturare l'attenzione di migliaia di individui, a far venire loro i brividi, a farli piangere o ridere e, soprattutto, a farlo in maniera naturale, trasmettono emozioni.

Sappi che non ci sono limiti al numero delle persone alle quali ti rivolgi. Che si tratti di una, cento o diecimila poco importa; la "mappa" è la stessa per tutti. Trasmettere emozioni non è solo un modo per aggiungere efficacia alle proprie parole, ma un vero e proprio stile comunicativo, che accompagna il nostro modo di rivolgerci al mondo in ogni tipo di situazione.

In questo ebook troverai una guida completa al *public speaking* e, in verità, la prima stesura del corso *Comunicatori straordinari!*® era destinata quasi completamente a quel settore. Tuttavia, con il tempo, ho allargato quegli stessi concetti e strategie all'universalità dei rapporti umani, per cui, pur mantenendo la struttura di un corso orientato alla comunicazione in pubblico, scorrendo l'ebook troverai che i concetti sono ampliati e applicabili a tutte le forme di interazione tra individui.

È l'altissima qualità del rapporto a fare veramente la differenza e a rendere straordinaria una comunicazione. Così come, qualche volta, ci troviamo a leggere una favola a nostro figlio e desideriamo che quella favola diventi per lui una vera e propria avventura, da vivere come se fosse reale. Oppure dobbiamo parlare con un nostro paziente e vorremmo essere in grado di tranquillizzarlo, anche se dobbiamo dargli una brutta notizia.

Se siamo su un palcoscenico abbiamo il desiderio di affascinare il nostro pubblico e di emozionarlo facendolo ridere o piangere. Vorremmo che ogni spettatore tornasse a casa con un'emozione fortissima nel cuore. Se, invece, ci troviamo in un ambiente di lavoro, a qualsiasi livello, siamo costretti a convivere con persone che non sempre ci piacciono; eppure anch'esse fanno parte della nostra vita. Quindi, l'unica cosa sensata che possiamo fare è quella di imparare a comunicare in maniera soddisfacente e piacevole anche con loro, e magari, pian piano, di farcele amiche. Se siamo degli insegnanti o formatori dobbiamo avere la flessibilità necessaria per arrivare a tutti coloro che ci ascoltano con la stessa precisione; pur sapendo che ciascuna persona ha un modo diverso di apprendere ciò che trasmettiamo.

Questi sono solo alcuni esempi ma, in tutti questi casi, l'elemento ulteriore che può rendere speciale la nostra comunicazione è la **qualità delle sensazioni** che facciamo provare a chi ci ascolta. Se poi ci troviamo nel campo della seduzione, saper trasmettere emozioni e sensazioni forti diventa addirittura obbligatorio!

SEGRETO n. 2: l'elemento ulteriore che può rendere speciale la nostra comunicazione è la qualità delle sensazioni che facciamo provare a chi ci ascolta.

Ma non finisce qui; capitano, a volte, situazioni impreviste, come ad esempio che qualcuno ci "trascini" letteralmente di fronte a un pubblico, prendendoci alla sprovvista. Una volta arrivati lì, non possiamo più tirarci indietro; penso, ad esempio, a un discorso durante una convention o a un matrimonio... Ti è mai capitato? Come reagisci alla sensazione di non sapere cosa dire? È vero o no che in molte di queste situazioni si cade in preda all'ansia e a emozioni sgradevoli, non facilmente gestibili?

Cosa daresti in quei casi per sapere esattamente come comportarti? Ma se avessi, addirittura, la possibilità di capovolgere la situazione e sfruttarla a tuo vantaggio, dando una prova della tua capacità di emozionare il pubblico? Che ne dici?

Se vuoi trasmettere emozioni agli altri è fondamentale che impari innanzitutto a gestire le tue emozioni e pulsioni interne. E questo soprattutto nella nostra epoca. Viviamo, volenti o nolenti, in un mondo fatto di tanta apparenza, dove, sempre più spesso, ci capita di dover parlare in pubblico, magari in TV! Talvolta lo scegliamo, altre volte vi siamo costretti da circostanze impreviste, oppure è il nostro lavoro che ce lo impone.

Vi sono, infine, giorni in cui il nostro pubblico non è formato da mille persone ma da una soltanto e, guarda caso, si tratta proprio della persona con la quale non riusciamo a instaurare alcun rapporto o, addirittura, quella che non vorremmo mai incontrare! Che fare? La vita ci propone anche situazioni di questo tipo e non sempre possiamo rimandarle o evitarle. Non sarebbe meglio, allora, imparare ad affrontarle? Non risulterebbe più conveniente gestire le emozioni negative anziché esserne vittima? *Comunicare Emozionando* è il percorso che ti garantisce l'apprendimento rapido di queste potentissime capacità.

Pensa, adesso, a qualche tua situazione personale; a qualcosa che stai rimandando, a qualcuno che dovresti incontrare ma che, invece, cerchi continuamente di evitare per qualche motivo che non sai bene come spiegare; diciamo che c'è *qualcosa* che ti disturba.

Pensa a come potrebbe cambiare il tuo stato d'animo se riuscissi a neutralizzare le emozioni che ti disturbano, sostituendole con sensazioni di sicurezza; pensa a come cambierebbe il rapporto con la persona da affrontare se tra voi non si frapponesse quella *barriera mentale*.

Immagina, ancora, come potrebbe modificarsi l'intera tua vita se riuscissi a eliminare la paura di parlare in pubblico; il timore di essere giudicato. Immagina se, addirittura, fossi tu quello capace di dettare le regole della comunicazione nei rapporti personali.

Quante persone in più cominceresti a frequentare? Quanto ti apriresti di più agli altri? Quante altre amicizie stringeresti? Quanto riceveresti in più? Quanto ti *butteresti* di più nelle situazioni? Quanto potrebbe migliorare il tuo lavoro? Quanto la tua autostima? Se rifletti bene, la tua capacità di comunicare determina, in gran parte, i tuoi risultati e la qualità delle tue relazioni. Anch'esse, in fondo, sono il risultato della tua comunicazione; infatti il tuo modo di comunicare genera "attrazione" o "repulsione" verso di te da parte delle persone con cui ti confronti.

Se sei qualcuno che riesce a catturare e guidare l'attenzione di chi ti sta intorno, hai indubbiamente un grande vantaggio; e questo non solo nell'ambito lavorativo ma, in generale, in ogni tipo di rapporto umano. Se non lo sei, ora hai l'opportunità di diventarlo. Insomma, saper parlare in ogni circostanza sentendosi a proprio agio, riuscendo a gestire le proprie emozioni è diventata, oggi, una necessità. E ti dirò anche che non basta! Nella nostra epoca, infatti, siamo letteralmente bombardati da tanti tipi di comunicazione, anche efficace: per cui, se vogliamo fare la differenza, dobbiamo fare qualcosa in più rispetto agli altri ed essere in grado di tirar fuori le nostre risorse migliori. E queste risorse hanno, ancora una volta, lo stesso nome: emozioni!

La comunicazione emozionale è la chiave per accedere all'anima delle persone, e saperla utilizzare è garanzia di rapporti autentici, produttivi e duraturi. Ciò che faremo durante il nostro viaggio sarà percorrere gradualmente tutte le tappe per fare questa differenza; per diventare, cioè, persone capaci di comunicare emozioni autentiche e lasciare un segno personale, indelebile nell'animo di chi ci ascolta.

Scoprirai che questo ebook è molto più che una guida per comunicare. Sono certo che, dopo averlo letto, troverai benefici in molti altri aspetti della tua vita. Perché una buona comunicazione non può prescindere da una profonda serenità interiore, e questo lavoro è denso di strategie che mirano soprattutto a farti *essere* una persona serena.

Vediamo, adesso, come puoi applicare concretamente le conoscenze che hai appena appreso. Siccome siamo all'inizio, ti chiederò di fare qualcosa di molto semplice. Fallo, però, tutti i giorni e tutte le volte che puoi, anche se ti sembra inutile o esagerato. Questo esercizio è una palestra per il tuo inconscio e serve a *orientare* il suo meccanismo verso soluzioni positive.

Ogni volta che ti trovi a interagire con qualcuno, poniti queste domande:

- *quali emozioni voglio trasmettere?*
- *di quali emozioni ha bisogno chi mi sta di fronte?*
- *quale sensazione o emozione potrebbe generare, in questo momento, un cambiamento significativo?*
- *cosa succederebbe se riuscissi a trasmettere questa emozione (decidi il tipo di emozione)?*

Non preoccuparti adesso delle risposte che riceverai dal tuo inconscio, ma assapora, semplicemente, il gusto di ampliare le tue possibilità di scelta.

Alla conquista del cuore: come comprendere l'essenza della comunicazione per creare legami autentici e duraturi

Lo scopo del tuo viaggio è arrivare nel punto più sensibile di chi ti sta di fronte. Ora, sappiamo benissimo che si tratta di un processo neuro-chimico che ha luogo nel cervello; ma, per rendere più affascinante il nostro percorso, quel punto lo chiameremo "cuore".

Arrivare al cuore delle persone è come trovare un tesoro di inestimabile valore, e in ogni caccia al tesoro c'è una mappa. In questo ebook, che è la tua mappa, oltre alle indicazioni corrette sulla via da seguire, troverai anche delle "prove" da superare. Ti chiederò, infatti, di sperimentare, su te stesso e sugli altri, tutti i concetti che via via esporrò. Questo ti permetterà di fare la necessaria pratica e di capire immediatamente quanto potenti siano certi strumenti che andremo a utilizzare.

Ho diviso idealmente il percorso in due parti: *dentro* e *fuori*. Prima, infatti, è necessario che tu vada alla ricerca delle risorse che hai *dentro* di te, perché le possa riconoscere; poi potrai far uscire il *comunicatore* che è in te e permettergli di utilizzarle agendo *fuori* dalla sua sfera personale. Da quel momento potrai indirizzare la tua comunicazione verso gli obiettivi che riterrai importanti. Il primo passo per arrivare al cuore è quello di munirti di un mezzo affidabile per affrontare il viaggio. Questo mezzo si chiama **comunicazione**.

A proposito, ti sei mai chiesto che cosa vuol dire "comunicare"? Se apri il vocabolario puoi accorgerti di quante informazioni ci regala la nostra lingua a questo proposito:

1) rendere comune;

2) diffondere;

3) trasmettere;

4) collegare;

5) essere in relazione;

6) condividere o trasmettere pensieri, sentimenti ecc. a livello profondo e in modo sincero;

7) far vita comune; propagarsi, trasmettersi;

8) ricevere l'Eucarestia.

Prova a rileggere, uno per uno, tutti i punti, figurandoti nella mente le immagini che ciascuna definizione ti evoca. Se ci fai caso c'è un concetto o un'immagine che direttamente o indirettamente ricorre in ogni definizione. È il concetto di "legame". Sì, perché la comunicazione è qualcosa che unisce le persone. È un mezzo per creare legami fra esseri umani, e noi abbiamo la possibilità di scegliere quanto forti, autentici e duraturi possano essere questi legami.

SEGRETO n. 3: la comunicazione è un mezzo per creare legami fra esseri umani.

Lascia che, adesso, ti illustri il concetto di comunicazione a un livello ancora più profondo. Quando si comunica con un altro essere umano si producono fondamentalmente due effetti: il primo e più conosciuto è lo *scambio* (o *azione di ritorno* o *feedback)* che fornisce informazioni preziose sulla qualità del rapporto. In sostanza, si tratta della reazione dell'interlocutore al nostro stimolo.

È un effetto osservabile sia dall'interno che dall'esterno, ed è valutabile non tanto razionalmente, quanto emotivamente. La risposta verbale o non verbale che l'interlocutore ci fornisce viene da noi colta e registrata e si trasforma in una sensazione. Ed è, talvolta, la sensazione di aver colpito; di aver azzeccato il modo di rapportarsi. In questi casi si riceve attenzione; il pubblico (o la persona che abbiamo di fronte) fa quello che gli abbiamo richiesto, oppure, entra negli stati d'animo che gli abbiamo suggerito.

Naturalmente, la reazione potrebbe essere anche opposta alle nostre aspettative. Potremmo, infatti accorgerci che il pubblico perde l'attenzione o non capisce quello che diciamo; proviamo, di conseguenza, la sensazione di non avere centrato il nostro obiettivo e, quindi, pensiamo di dover aggiustare il tiro. Un feedback del genere è comunque **utile**, perché ci impone di riflettere su come variare il nostro comportamento per ristabilire il legame. Vedremo in seguito come creare immediatamente sintonia e mantenerla per tutta la durata del nostro intervento.

Il secondo effetto della comunicazione è qualcosa di meno conosciuto e approfondito; forse perché ha meno a che fare con la *tecnica* e più con la *filosofia*. Si tratta di un fenomeno osservabile dall'interno ed è la *percezione di sé*.

SEGRETO n. 4: quando si comunica con un altro essere umano si producono fondamentalmente due effetti: lo *scambio* (o *azione di ritorno* o *feedback*) e la percezione di sé.

Pensa a un neonato. Certamente, questo piccolo essere non comunica attraverso la parola ma attraverso gli altri sensi, come ad esempio il tatto. Il neonato tocca una pallina di gomma e, nel contatto con le sue dita, sente questa pallina come qualcosa di diverso; come *altro da sé*. Nel suo inconscio, dunque, comincia a farsi strada il concetto di *sé* separato dal resto e questo è il primo passo verso la percezione della propria *identità*.

Il suo giovane inconscio comincerà a dirsi, a modo suo: «Se posso toccare la pallina, allora la pallina esiste; e **anch'io esisto**!» E più saranno le occasioni di contatto o di incontro con i vari *altro da sé,* più accrescerà la percezione della propria esistenza. In conclusione, più saranno i "legami" creati con il mondo attraverso le varie forme di comunicazione che nella vita imparerà a utilizzare, più, in qualche modo, "esisterà" (comunico, quindi, esisto).

Ebbene, questa è l'essenza profonda della comunicazione: esistere. E la prova di questo fondamentale assunto lo si ha osservando proprio le persone che non comunicano. Quelle persone si sentono sole; sono lasciate sole; perdono i contatti; si chiudono in sé stesse e, spesso, purtroppo, perdono anche interesse per la vita. In altre parole, pian piano, "spariscono" dal tessuto dell'esistenza.

I bravi comunicatori, invece, sono ricercati e benvoluti da tutti. Li trovi in ogni circostanza e, anche quando li rivedi dopo tanti anni, ti sembra che sia passato solo qualche giorno; succede perché ti rimane dentro una sensazione positiva che non si cancella mai. Questo è l'effetto che fanno i comunicatori straordinari. Capisci adesso quali profonde implicazioni si celino dietro il termine "comunicazione"?

SEGRETO n. 5: l'essenza profonda della comunicazione è esistere.

Ora, a conclusione di questo primo capitolo, più che proporti un esercizio voglio darti un consiglio: impara a comunicare bene.

Prima di tutto fallo per te stesso; per amare la tua vita, perché solo così imparerai ad apprezzare gli altri e il mondo che ti circonda.

Arrenditi ad esso e vivi intensamente; sentiti unito da fili invisibili ma solidi ad ogni oggetto e creatura di questo mondo. Senti vibrare queste corde ad ogni tuo gesto e percepisci quella stessa vibrazione dentro di te. Quando ciò che ti circonda si muove, se puoi sentire che stai vibrando con esso in ogni respiro, in ogni cambiamento o in ogni silenzio, vuol dire che sei veramente arrivato al "cuore".

E adesso preparati a scoprire cosa c'è *dentro*.

RIEPILOGO DEL GIORNO 1:

- SEGRETO n. 1: le persone che riescono a catturare l'attenzione di migliaia di individui, a far venire loro i brividi, a farli piangere o ridere e, soprattutto, a farlo in maniera naturale, trasmettono emozioni.

- SEGRETO n. 2: l'elemento ulteriore che può rendere speciale la nostra comunicazione è la qualità delle sensazioni che facciamo provare a chi ci ascolta.

- SEGRETO n. 3: la comunicazione è un mezzo per creare legami fra esseri umani.

- SEGRETO n. 4: quando si comunica con un altro essere umano si producono fondamentalmente due effetti: lo *scambio* (o *azione di ritorno* o *feedback) e la percezione di sé.*

- SEGRETO n. 5: l'essenza profonda della comunicazione è esistere.

GIORNO 2:

Come riconoscere e direzionare
le proprie risorse interiori

Come "entrare" dentro se stessi

Per capire esattamente il senso di questo capitolo voglio che tu svolga subito un esercizio di visualizzazione. È la prima "prova". Naturalmente, puoi leggere una prima volta l'esercizio per poi ripeterlo con la dovuta concentrazione. Prenditi cinque minuti di tempo da dedicare a te stesso.

L'ideale sarebbe coinvolgere qualcuno che voglia aiutarti sinceramente e spassionatamente in questo viaggio; che sia, magari, disposto a leggerti l'esercizio lentamente, consentendoti di vivere al meglio le visualizzazioni guidate. In alternativa potresti usare un classico registratore, magari con un leggerissimo sottofondo sonoro e riascoltarti in cuffia, a occhi chiusi, mentre sei comodamente rilassato. In ogni caso, posso assicurarti che anche la semplice lettura rilassata degli esercizi è già sufficiente a dare un indirizzo preciso al tuo inconscio.

Bene, ora siediti comodamente e rilassati.

Fai una serie di respiri profondi. Inspira con il naso ed espira con la bocca... lentamente, pensando semplicemente all'aria che entra dalle narici ed esce dalla bocca.

Dedica qualche minuto a pensare che stai facendo qualcosa di valore inestimabile per te, quindi abbandona ogni preoccupazione e fai finta di essere in partenza per un fantastico viaggio.

Chiudi gli occhi e immagina di essere all'interno del tuo corpo. Le dimensioni e la struttura ti danno accesso a tutti i tuoi organi, senza alcun limite di spazio e di tempo; ti basta semplicemente pensarlo.

Puoi esplorare il tuo cervello, i tuoi muscoli, le ossa e puoi impiegare tutto il tempo che vuoi per approfondire la conoscenza di te stesso e dei tuoi "luoghi" più nascosti.

Forse ci sono posti in cui non sei mai stato e che vorresti visitare.

Forse ci sono cose dentro di te... che hanno bisogno di nuova attenzione; cose che avresti voluto cambiare ma non sapevi come raggiungere. Ora le hai davanti e puoi modificarle secondo le tue esigenze... e per farlo ti basta semplicemente immaginare che siano così, come tu le desideri.

Hai l'opportunità di migliorare le strade che collegano i tuoi organi per velocizzare i tempi di risposta tra l'uno e l'altro... Ricorda che il tempo lo decidi tu.

Infatti, puoi passare il tempo che vuoi a osservare come funziona il tuo sistema nervoso, quando è sottoposto a certi stimoli. E potresti concentrarti sul ritmo del tuo respiro, per poterlo regolare quando sei in situazioni di stress.

Hai la possibilità di capire il funzionamento del tuo corpo e del tuo pensiero in ogni situazione...

E via via che ti osservi riconosci te stesso e accetti tutte le sensazioni che provi.

E potresti essere curioso di scoprire in quale punto esatto del tuo corpo si manifesta l'emozione che provi quando sai di dover parlare in pubblico; e scoprire quale forma, colore e dimensione assume quel fastidio che senti quando devi comunicare con certe persone.

E, ora che lo hai scoperto, puoi semplicemente prendere quel fastidio e gettarlo via, lontano, per sempre: adesso.

E potresti avere anche la curiosità di sapere dove senti la gioia e l'emozione di parlare liberamente; con serenità, sicurezza ed entusiasmo; davanti a persone che ti ascoltano con attenzione e interesse.

Puoi ricordare la volta in cui ti sei sentito a tuo agio e hai provato sicurezza, e individuare il punto del corpo dove sai di essere sicuro.

Ora hai la possibilità di tornare in quel punto ogni volta che vuoi e provare la stessa sicurezza. E hai il potere di allargare quel punto e renderlo più piacevole, per aumentare la sicurezza e la fiducia nelle tue capacità.

E con questa sensazione intensa, di certezza profonda, stringi il tuo pugno per qualche secondo e lascia che la certezza entri in tutto il tuo essere...

Ora rilassati e lascia libera la mente; concentrati sul tuo respiro per qualche minuto e poi, lentamente, quando vuoi, apri gli occhi.

Quello che hai appena svolto non è un esercizio di pura immaginazione ma un vero e proprio intervento sul tuo organismo, per potenziare le tue risorse. Forse sai già che un'esperienza reale e un'esperienza vividamente immaginata hanno lo stesso effetto nel nostro organismo. E più la nostra immagine è definita, ricca di particolari e coinvolgente, più l'effetto sul nostro organismo è potente. Se ti divertirai a ripetere molte volte questa visualizzazione potrai realmente eliminare per sempre certi fastidi e potenziare alcune tue sensazioni piacevoli. Sappi che ogni volta che stringerai il pugno riaffioreranno le sensazioni di sicurezza che hai provato durante l'esercizio.

Ecco, dunque, cosa c'è *dentro*: c'è tutto ciò di cui hai bisogno per diventare un comunicatore straordinario. Tutte le risorse sono già dentro di te; non devi far altro che imparare a riconoscerle e utilizzarle.

Le cinque risorse dei comunicatori straordinari
Abbiamo definito il significato profondo del termine comunicazione; abbiamo visto che per "lasciare il segno" è necessario trasmettere emozioni, e che questa capacità nasce prima di tutto dall'osservazione di noi stessi, alla ricerca di ciò che abbiamo dentro. È arrivato il momento di scoprire quali sono le risorse migliori per imparare a trasmettere emozioni.

Come ho accennato nell'introduzione, questo lavoro nasce dallo studio, dall'osservazione e dall'evoluzione di modelli già sperimentati e funzionanti. Dall'analisi di questi ho tratto quelle che ho definito come "le cinque risorse dei comunicatori straordinari":

1. obiettivo;

2. convinzioni;

3. stato;

4. rapport;

5. flessibilità.

Le analizzeremo e le approfondiremo fino a interiorizzarle completamente, per poi tirarle fuori in maniera naturale e automatica al momento giusto.

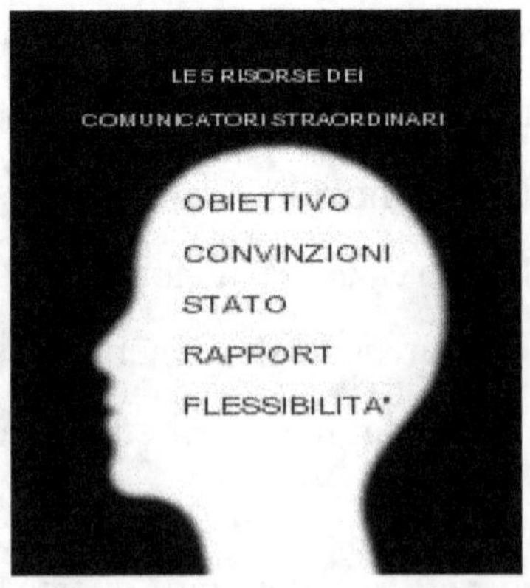

SEGRETO n. 6: le cinque risorse dei comunicatori straordinari sono: obiettivo, convinzioni, stato, rapport, flessibilità.

Obiettivo: come direzionare le proprie risorse

Ti è mai capitato di pensare che chi hai di fronte sta parlando senza sapere quello che dice? Qualche volta ti chiedi: «Dove vuole andare a *parare*?» E tu? Ricordi qualche momento in cui non sapevi cosa dire o come continuare? Un discorso che hai iniziato e che hai lasciato a metà perché non sapevi come concluderlo? Pensaci bene, e cerca di ricordare se in quei momenti avevi le idee chiare su ciò che avresti voluto trasmettere.

Una celebre frase di Henry Ford recita «Gli ostacoli sono quelle cose terribili che si incontrano quando perdi di vista l'obiettivo».
Ebbene, non c'è nulla di più vero. Quando non hai (o non hai più) chiaro lo scopo per il quale stai parlando, rischi davvero di disorientare chi ti ascolta e, soprattutto, rischi di smarrire te stesso.

Il pubblico deve poterti seguire dall'inizio alla fine; deve trovarsi nella comoda e sicura carrozza di un treno di cui tu rappresenti la motrice; una carrozza che cammina spedita, su solidi binari, verso la meta stabilita. Ma qual è la meta? E perché è così importante arrivarci? E, ancora, qual è il mezzo migliore per raggiungerla? Queste tre domande sono fondamentali. Per ottenere qualunque cosa, non solo nella comunicazione, c'è bisogno di sapere esattamente:

COSA si vuole;

PERCHÉ la si vuole;

COME la si ottiene.

Se manca uno di questi tre elementi si crea una lacuna difficilmente colmabile. Pensa a qualcosa che non hai ancora ottenuto, a un desiderio non ancora realizzato; scoprirai che al 99 per cento uno di questi tre elementi manca o non è ben definito. Analizziamoli uno a uno.

SEGRETO n. 7: per ottenere qualunque cosa, non solo nella comunicazione, c'è bisogno di sapere esattamente COSA si vuole; PERCHÉ la si vuole; COME la si ottiene.

COSA

Sembra banale, eppure molto spesso le persone non sanno *cosa* vogliono realmente comunicare. Spesso hanno in testa una gran confusione tra ciò che vorrebbero dire e ciò che con quelle parole vorrebbero ottenere. È una sottile ma fondamentale sfumatura, perché non sempre le parole che adoperiamo danno luogo al risultato sperato e, soprattutto, non sempre chi parla sa perfettamente a quale scopo sta parlando. A volte crede di saperlo.

E allora cerchiamo di mettere un po' di ordine in questa confusione. L'obiettivo che vogliamo raggiungere (in qualsiasi campo) deve possedere delle caratteristiche precise; in particolare deve essere possibile, chiaro, espresso in forma positiva, misurabile, verificabile, percepibile con i sensi ed ecologico. Dobbiamo essere in grado di immaginarlo, e di immaginare noi stessi nel momento in cui lo avremo raggiunto.

Quando sussistono tali caratteristiche si dice che l'obiettivo è *ben formulato*; il nostro inconscio si attiva in modo che ogni azione e pensiero vengano indirizzati verso la sua realizzazione.

Focalizziamoci ora sulle particolarità di ogni caratteristica.

Possibile. Nel momento in cui ci proponiamo un obiettivo, questo deve essere alla nostra portata. Ciò non vuol dire che dobbiamo autolimitarci nel formulare nostri obiettivi, ma solamente che deve esistere una relazione tra ciò che vogliamo raggiungere e l'effettiva possibilità di rappresentarlo efficacemente attraverso i sensi. Questa caratteristica porta con sé la successiva: l'obiettivo deve essere chiaro.

Chiaro. È difficile raggiungere qualcosa di cui non si è certi, o che non si riesce bene a definire. Facciamo un esempio pratico. Se organizzi una conferenza con lo scopo di vendere dei corsi, il tuo obiettivo è di organizzare corsi e non, ad esempio, di far capire al pubblico quanto sei bravo. Questo deve essere, appunto, *chiaro*, altrimenti accadrà che, durante la conferenza, il tuo linguaggio e il tuo comportamento andranno a sottolineare aspetti che riguardano la tua persona e non la qualità del corso; con il risultato che riceverai molti complimenti ma nessun iscritto.

Espresso in forma positiva. Immagina di entrare in un taxi e di dire al conducente: «Non voglio andare in Piazza del Popolo; non voglio restare in Via del Corso; non voglio fermarmi in posti troppo affollati; mi porti via da questo quartiere!» A questo punto, cosa chiederà il tassista? Ovviamente: «Dove vuoi che ti porti? Dimmi un indirizzo preciso!» Non c'è alternativa: o sai dove vuoi andare o ti perdi.

E allora: «Pensa a ciò che *vuoi* e non a ciò che *non vuoi*». Questo concetto è ormai noto ed è stato stra-ripetuto. Eppure, nella mia esperienza, continuo a constatare che è facile cadere in questo primo errore a causa della difficoltà di indirizzare il proprio pensiero su ciò che si desidera. Purtroppo, invece, lasciamo ampio spazio mentale a ciò che si teme che accada.

E così, trasferendoci nel campo della comunicazione, la maggior parte delle persone, quando sono di fronte a un pubblico hanno il terrore, ad esempio, di *dimenticarsi* quello che devono dire. In questo modo, tutti i loro pensieri si focalizzano sul *dimenticare le parole*; creano delle "profezie" che si trasformano in film mentali i cui protagonisti, che sono loro stessi, rimangano muti e imbarazzati di fronte al pubblico, che li giudica e li condanna! E il bello (o brutto) è che, spesso, queste persone, fanno avverare quelle profezie dimenticando realmente molti passi, magari importanti, del loro discorso.

Ora impara questo segreto: *ciò su cui poni la tua attenzione, accade.* È una regola universale e vale per ogni tipo di situazione, di rapporto e di disciplina. La tua attenzione deve essere rivolta a quello che VUOI che accada. Di conseguenza, *obiettivo espresso in forma positiva* vuol dire che devi decidere esattamente cosa vuoi ottenere.

Se devi tenere una conferenza per presentare un libro, rafforza la tua motivazione immaginandoti mentre firmi le copie del tuo libro; immagina le persone entusiaste mentre fanno la fila per portarti la loro copia... e vedrai che ti verranno in mente moltissime idee su come strutturare al meglio la tua conferenza. Gli aspetti tecnici li approfondiremo in seguito: in questa fase mi interessa la tua predisposizione mentale.

SEGRETO n. 8: ciò su cui poni la tua attenzione, accade.

Misurabile e verificabile. Questi requisiti sono necessari anche per poter creare eventuali sotto-obiettivi, che rappresentano tappe intermedie verso il raggiungimento della meta finale. Se, ad esempio, hai un obiettivo a lunga scadenza, come l'organizzazione di un convegno per il prossimo anno, sarà utile, durante i mesi precedenti, stabilire delle date precise in cui verificare che l'organizzazione si stia muovendo nei tempi e modi giusti.

E così, dovrai decidere in quali date prendere i contatti per visitare le possibili location; incontrare le persone di riferimento; verificare la fornitura dei beni occorrenti; selezionare il personale, il service ecc. In questo modo terrai sotto controllo tutti i movimenti e potrai apportare in tempo eventuali modifiche al programma. Insomma, sarai in grado di verificare se stai procedendo nella giusta direzione.

È poi necessario che ti ponga delle scadenze precise (ad esempio: 1° marzo – due settimane da oggi ecc.), in maniera che tu sappia quando fermarti per controllare i tempi di sviluppo del tuo progetto. In poche parole, darti dei termini precisi, in occasione dei quali controllare il tuo percorso, ti permette di sapere quando hai raggiunto il tuo obiettivo, o come procedere in funzione di una data scadenza.

Percepibile con i sensi. Questo, a mio avviso è il requisito più importante. Abbiamo già fatto degli esempi a questo proposito, quando parlavamo di immaginarti mentre ottieni quello che vuoi. È fondamentale che tu possa crearti un'immagine (o "un film" mentale) di ciò che desideri, e che quest'immagine coinvolga tutti e cinque i sensi. Devono trovarvi posto immagini grandi, nitide, luminose; suoni, voci, rumori; sensazioni tattili, olfattive e gustative. E devi proiettare a te stesso questo film, più e più volte.

Il coinvolgimento dei sensi è fondamentale per l'obiettivo, perché il nostro cervello riceve da questo film un modello su cui orientarsi e su cui basare tutti i comportamenti futuri.

Come abbiamo già visto all'inizio, la nostra mente non fa differenza tra stimoli reali e stimoli immaginati. Per cui, se riesci a vivere mentalmente le situazioni che vuoi che accadano, sarà come averle già provate nella realtà. Questo ti permetterà di allenarti e di vivere più volte l'evento che ti aspetta, acquisendone il controllo.

Riprendendo l'esempio fatto poco fa, se visualizzi più volte la situazione in cui vedi te stesso parlare di fronte a un pubblico, spedito e sicuro di sé, e arricchisci questo film mentale di particolari, suoni e sensazioni che ti danno la sensazione di aver fatto davvero ciò che hai solo visualizzato, ti troverai, dopo un po', a essere in grado di fronteggiare da esperto quella situazione, prima ancora di averla provata e vissuta sul campo. Sappi che questo metodo è già applicato da anni, soprattutto nello sport, dove agli allenamenti fisici vengono accompagnati allenamenti mentali, con la medesima efficacia.

Ecologico. Questo requisito si riferisce al rapporto tra noi e la realtà che ci circonda. Si tratta di un termine che si è diffuso soprattutto a seguito del lavoro di ricerca di Gregory Bateson, famoso studioso britannico, il cui libro *Verso un'ecologia della mente* (*Steps to an Ecology of Mind*) è stato una pietra miliare nello studio delle neuro-scienze. Un obiettivo ecologico è un obiettivo che rispetta l'ambiente in cui viviamo (persone, rapporti, situazioni, sentimenti, aspettative ecc.) e con il quale siamo connessi attraverso le forme più svariate. Ti faccio un esempio semplicissimo.

Ammettiamo che tu debba parlare di un argomento che, in qualche modo, sai essere (per ragioni personali) sgradito alla tua compagna. Quanto riusciresti a essere distaccato intellettualmente? Oppure, quanti argomenti inseriresti in quel discorso sapendo che alcuni di essi ti metterebbero in difficoltà con lei?

Probabilmente, anche inconsciamente, saresti portato a trovare una *via di mezzo* per soddisfare sia le ragioni del discorso sia i rapporti affettivi. Ma questa soluzione ti lascerebbe piuttosto scontento, perché, magari, in certi punti avresti voluto esprimerti con maggior impatto, utilizzando certi vocaboli anziché altri; o alcune espressioni più "forti" anziché altre, per così dire, "politically correct". Insomma, avresti voluto sentirti più libero, senza pressioni psicologiche, morali, affettive ecc.

Formulare un obiettivo ecologico ti permette, invece, di

esprimerti nel massimo rispetto di ciò che ti circonda. Il modo più semplice e naturale per fare un "controllo ecologico" del tuo obiettivo è quello di **immaginare ciò che vuoi ottenere, come se l'avessi già ottenuto**, e far caso alle sensazioni che provi dentro di te. Si tratta del cosiddetto "ponte sul futuro".

Il tuo inconscio ti comunicherà, in qualche modo, se quell'obiettivo è perseguibile senza problemi, oppure se c'è qualcosa che potresti modificare. Solo quando il tuo "ponte sul futuro" darà un esito positivo, avrai la garanzia di aver rispettato il requisito dell'ecologia.

Attenzione, però: rispettare il mondo esterno non vuol dire conformarsi alle sue regole, altrimenti nessuno potrebbe più osare uscire dagli schemi. L'ecologia ti fornisce solo la misura di **"come" tu senti la tua relazione con il mondo**, ma non può darti informazioni di merito: cioè non può dirti se l'obiettivo prescelto è per te giusto o sbagliato. Non è una questione *morale*, ma solo di percezione del proprio stato in relazione a determinati rapporti. Le tue idee, in sostanza, sono ciò in cui credi. Quello che puoi aggiungere ad esse è un modo di esprimerle che ti permetta di raggiungere gli obiettivi che ti sei prefissato.

Un esempio molto semplice di obiettivo ben formato è quello che mi pongo io quando, periodicamente, mi trovo a tenere una conferenza per presentare un mio libro. La situazione è la seguente: in un locale medio parlo a un pubblico di circa cento persone per presentare il libro, ponendomi l'obiettivo di venderne almeno cinquanta copie alla fine della presentazione. Otterrò tale risultato utilizzando strategie di persuasione.

Possibile? Sì: la presentazione di un libro è un contesto molto comune e gradevole, ed è frequente che, proprio in quella situazione, si vendano diverse copie.

Chiaro? Sì: ho definito esattamente cosa voglio e come intendo raggiungerlo. E riesco anche a **percepirlo con i sensi**, potendomi figurare l'immagine di me stesso mentre mi esprimo con quelle parole; quelle espressioni; quella postura; quella gestualità. E posso anche immaginare le reazioni del pubblico, così come le desidero e, addirittura, anticipare le sensazioni di piacere che proverò nel momento in cui questo accadrà.

Espresso in positivo? Sì: il mio obiettivo è di vendere il libro.

Misurabile? Sì: alla fine della presentazione ne voglio vendere almeno cinquanta copie. In questo caso, attraverso le strategie impiegate in questo ebook, il mio inconscio mi guida suggerendomi automaticamente le parole, i gesti e tutto ciò che serve per raggiungere il mio obiettivo.

Ecologico? Solo ascoltando le mie sensazioni interne potrò valutare se anche quest'ultimo aspetto è soddisfatto. In ogni caso, ti assicuro che ogni volta che presento un mio libro, ogni famiglia presente se ne torna a casa contenta, convinta e, naturalmente, con una copia del libro, se non addirittura con due o tre copie in più da regalare.

PERCHÉ

Passiamo ora al secondo dei tre elementi dell'obiettivo: il *perché* che è il più importante. Più sono i *perché* e più è facile che tu raggiunga i tuoi risultati. I *perché* sono come le gambe di un tavolo: più ce ne sono, più il tavolo sarà stabile. Guarda il tavolo disegnato sotto; ha solo tre gambe, di lunghezze e consistenze diverse. Quanto potrà essere stabile? Quanto peso potrei appoggiarci senza rischiare che cada o che addirittura si rompa? Se a quelle gambe sostituisci le motivazioni per raggiungere un qualunque obiettivo, ti rendi immediatamente conto di quanto diventerebbe difficile l'impresa.

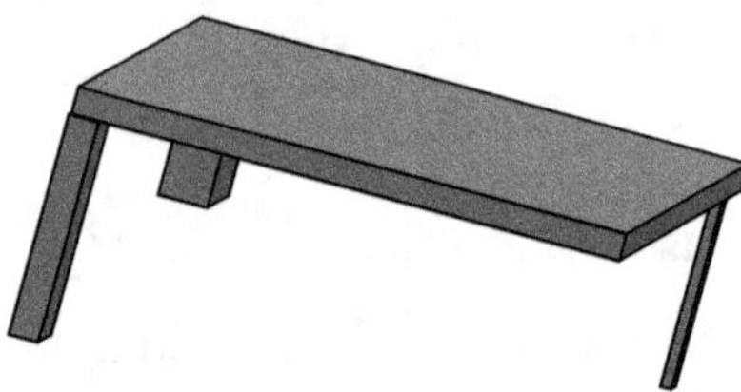

Guarda ora il disegno seguente e fai lo stesso ragionamento. Ci sono tante gambe, tutte solide e della stessa lunghezza. È chiaro che su questo tavolo potresti appoggiare qualunque cosa, forse addirittura ballare: certo ti reggerebbe.

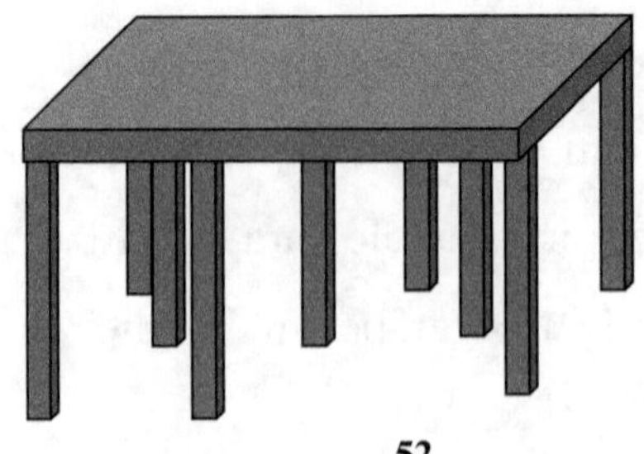

Capisci, allora, perché è così importante avere tante motivazioni? Più sono i *perché*, più ti garantisci il risultato.

Se sei uno studente potresti avere un esame fra qualche giorno, ma, anche se non hai esami, approfittane ugualmente per fare un altro esercizio. Prendi un foglio di carta e comincia a scriverci sopra tutti i possibili *perché* vuoi superare l'esame, inserendoci ogni tipo di motivazione: da quelle serie a quelle più bizzarre. In questi esercizi puoi esprimerti come vuoi, nessuno ha il diritto né la possibilità di giudicarti. Quindi scrivi tutto, ma proprio tutto quello che ti viene in mente.

Non so, forse vuoi superare l'esame *perché* così, subito dopo, te ne andrai tranquillo in vacanza per una settimana; *perché* riceverai un premio in cambio; *perché* ti darà più importanza nella tua cerchia di amici; oppure *perché* percepisci già la tua strada lavorativa e queste conoscenze ti permetteranno di accedere a un corso a cui tieni; oppure ti consentiranno di affrontare un discorso con quella determinata persona che ti interessa. Insomma, cerca dentro di te ed estrai tutte le motivazioni.

Quando pensi che possa bastare, fermati e leggi i tuoi *perché*. Leggili tante volte, ogni volta che puoi, in diversi momenti della giornata, uno per uno, e immaginali. Coma già detto, crea il film di te stesso nelle situazioni che hai scritto e vivi ciò che stai pensando. Noterai anche che uno o più di essi ti coinvolgono in modo particolare, maggiormente rispetto agli altri: è perché in riferimento ad essi hai una forte motivazione.

Se credi sia il caso di sfruttarla, allora, come ti ho già indicato prima, arricchisci di ulteriori particolari quelle immagini ed *entraci dentro*, cercando di vivere quel film da protagonista. Questo è il passaporto per realizzare tutti i tuoi desideri.

SEGRETO n. 9: più sono i *perché*, più ti garantisci il risultato.

COME

Quanto al terzo elemento dell'obiettivo, forse non mi crederai se ti dico che, una volta focalizzato il *Cosa* e i *Perché*, il *Come* diventa quasi automatico. D'altra parte è molto facile sperimentare questa situazione; sicuramente, ti sarà già capitato di vivere la sensazione di certezza che si prova quando hai le idee perfettamente chiare sul cosa desideri e perché lo desideri. Prova a tornare un momento indietro nel tempo e pensa a quando dovevi assolutamente conoscere quella ragazza (o quel ragazzo) che tanto ti interessava.

Occorre che continui? O ti sei già ricordato di tutti quegli espedienti che trovavi per fare in modo di incontrarti con lei o lui "casualmente"?!! Ti lascio proprio con questo esercizio. Ricorda tre episodi in cui hai sperimentato l'automatismo del *Come* dopo aver chiarito esattamente il *Cosa* e i *Perché*.

Come strutturare un discorso

In questa sezione ci occuperemo solo della struttura del discorso, dell'armatura che sorreggerà i contenuti. Lo facciamo adesso, perché questa fase è intimamente legata alla formazione e all'esplicitazione dell'obiettivo. Questa è la fase in cui crei una mappa del tuo intervento. Quando devi preparare una presentazione è necessario che tu risponda idealmente ad alcune domande fondamentali e, se vuoi, banali anche se spesso tralasciate. Come ho già accennato poco fa, ti accorgerai che pensando alla struttura del tuo discorso sarai obbligato a pensare all'obiettivo che vuoi raggiungere.

La prima, imprescindibile domanda, infatti è: **«Che dico?»** È fondamentale rispondere a tale interrogativo, tenendo presente ciò che ci si è prefissati. Spesso l'obiettivo è preannunciato o si desume indirettamente dal **titolo** dell'intervento, che ha un duplice compito: **creare curiosità (e aspettative) e riassumere**.

Cerca, dunque, un buon titolo che rispetti queste caratteristiche. Fai delle ricerche per capire, rispetto a quell'argomento, cosa la gente vorrebbe sapere e trasformalo in un **titolo accattivante**, seguito da un **sottotitolo** che riassuma in massimo due righe ciò che proponi. Prendi, ad esempio, questo ebook, che si intitola *Comunicare Emozionando*. L'argomento "comunicazione" suscita sempre interesse, ma ultimamente se ne abusa.

Ecco il motivo per il quale ho voluto aggiungere il termine "emozionando" che ha la funzione, oltre che di incuriosire chi legge, anche di creare in qualche modo un ulteriore elemento di interesse, dal momento che le emozioni sono sempre un argomento che tocca tutti da vicino. Per essere più sicuro ho anche fatto delle prove, chiedendo ad alcune persone, a bruciapelo, tra tanti titoli possibili che avevo ideato, quale fosse quello che li *intrigava* di più.

Una volta catturato l'interesse con il titolo ho specificato meglio l'argomento attraverso il sottotitolo: *I segreti per parlare in pubblico con sicurezza, suscitare intense emozioni e lasciare il segno profondo del tuo carisma.* Come hai notato, in queste due righe e mezzo ci sono tante altre informazioni richiamate dalle parole chiave: *parlare in pubblico*; (suscitare) *emozioni*; *carisma*.

Con il sottotitolo, quindi, specifico ulteriormente l'argomento, ma lascio comunque aperta la porta all'immaginazione, perché quelle parole chiave evocano una serie di situazioni e possibilità che stimolano l'attenzione e la fantasia.

SEGRETO n. 10: il titolo del tuo intervento deve creare curiosità (e aspettative) e riassumere.

Una volta stabilito l'argomento o gli argomenti da trattare, ti consiglio di scrivere su un foglio tutto ciò che ti viene in mente riguardo ad essi, eccedendo e arricchendo il materiale senza porti alcun limite. È necessario, anzi, essere creativi, bizzarri; si tratta di fare un vero e proprio *brainstorming*, per poter estrarre il più possibile da quell'argomento, senza preconcetti, e scrivere cose che normalmente non scriveresti. Nessuna vergogna, dunque, nessuno scrupolo e nessun tabù. In questa fase, lasciati andare completamente mentre scrivi, perché più razionalizzi, più ti autolimiti.

Insomma, hai capito benissimo che il limite mentale alle nostre possibilità lo stabiliamo soltanto noi e nessun altro: per cui sii te stesso. Una volta terminata questa operazione, dormici sopra per *resettare* il cervello. Il giorno dopo, con il foglio accanto, leggi tutti gli argomenti *uno alla volta* e per ciascuno poniti, con calma e riflettendo attentamente, la seguente domanda: se elimino questo argomento, raggiungo ugualmente l'obiettivo?

Attraverso questo procedimento effettuerai la necessaria selezione del materiale sul quale, successivamente, lavorerai. Una volta selezionati gli argomenti da includere comincia a delineare una prima sommaria mappa dell'intervento su base temporale.

Visualizza in anticipo il tempo che hai a disposizione disegnando una "Time-line" come la seguente, contenente i minuti in crescendo:

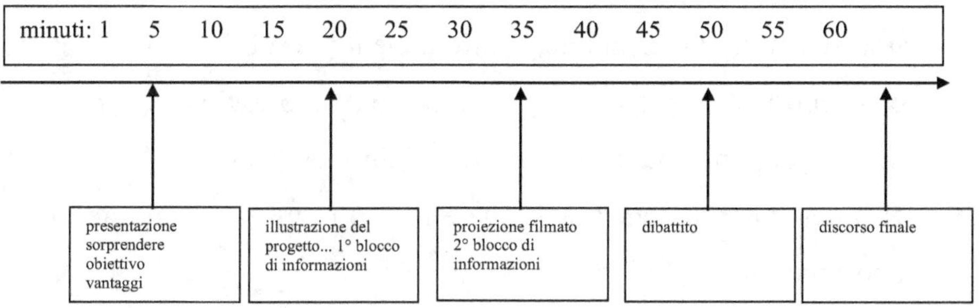

Questa è solo una prima traccia del tuo intervento, in forma grafica e sequenziale. Per riassumere e focalizzare meglio tutto il tuo discorso sarà opportuno realizzare una *mappa mentale*, di cui troverai un esempio più avanti. Ora occupiamoci della stesura. Tieni a mente che, in qualsiasi tipo di presentazione, vi sono tre momenti fondamentali: Inizio, Parte centrale e Finale, ciascuna con delle peculiarità.

INIZIO

All'inizio devi essere preparato a rispondere ad alcune domande che il pubblico si pone su di te, anche solo inconsciamente, e cioè:

- Perché tu? Chi sei? Perché sei lì a parlare?
- Cosa farai? Come lo farai?
- Perché loro? Quali sono i vantaggi per chi ti ascolta?

Puoi decidere di rispondere direttamente a queste domande, dedicando una breve sezione del tuo intervento esclusivamente a questo; oppure puoi rispondere indirettamente, *nel corso* dell'intervento, disseminando qua e là le informazioni che riterrai opportuno fornire, nei momenti giusti.

L'inizio è il tuo biglietto da visita ed è il momento in cui devi rompere il ghiaccio; per ottenere questo, prima ancora di cominciare con la tua esposizione, dovrai fare alcune cose che ti spiegherò nel dettaglio nel quarto capitolo ma che ti posso già anticipare e riassumere in una parola: "sorprendere".

SEGRETO n. 11: all'inizio il pubblico si chiede:

1. **Perché tu? Chi sei? Perché sei lì a parlare?**
2. **Cosa farai? Come lo farai?**
3. **Perché loro? Quali sono i vantaggi per chi ti ascolta?**

PARTE CENTRALE

La parte centrale del tuo intervento è la più lunga, e potresti correre il rischio di perdere l'attenzione del pubblico. Per cui è bene esporre i concetti in forme diverse, tenendo conto del principio della **varietà** che, soprattutto nei casi in cui si fa formazione, prevede l'utilizzo di questi accorgimenti:

Esposizione di 7+/- 2 concetti alla volta

Secondo gli studi dello psicologo statunitense George Armitage Miller, precursore della psico-linguistica, oltre questa soglia il cervello entra in uno stato di trance e non è più capace di immagazzinare informazioni. Evita, quindi, di arricchire troppo uno stesso argomento, perché rischi di sovraccaricare il cervello di chi ti ascolta. Ti conviene, invece, dividere il tuo discorso in blocchi, ciascuno dei quali deve contenere due, massimo tre concetti importanti.

Esposizione di argomenti in forma indiretta

La forma indiretta si avvale di diversivi, che variano a seconda delle possibilità e degli strumenti a disposizione. Brevemente, i diversivi sono: supporti Audio-Video; esercizi di gruppo; giochi;

pause; ma anche momenti di riflessione in cui si introducono esempi con casi pratici; domande e riassunti.

Nella stesura del tuo intervento, dunque, il solo materiale dedicato specificamente all'argomento spesso non basta. Potresti aver bisogno di andare a cercare, ad esempio, foto che riassumano un particolare concetto da proiettare al momento opportuno; oppure potresti dover inventare un gioco di ruolo per offrire all'uditorio l'opportunità di immagazzinare alcuni concetti che a parole risulterebbero pesanti o noiosi. Insomma, il bravo comunicatore è capace di utilizzare qualunque cosa e qualunque occasione a suo vantaggio per raggiungere l'obiettivo desiderato.

Riassumere alla fine di ogni sessione

Riassumere al termine di ogni blocco di informazioni è molto utile; e lo è sia perché permette di immagazzinare e memorizzare facilmente pochi concetti alla volta; sia perché offre una pausa di assimilazione; sia, infine, perché spezza il modulo con un diversivo.

Nel riassumere si possono scrivere sulla lavagna le parole chiave che individuano i singoli concetti, così come si farebbe in una presentazione su PowerPoint, attraverso la proiezione di immagini chiave. Ancora una volta, nella stesura della parte centrale, devi munirti di materiale vario e, se vuoi, anche bizzarro, per creare continuamente stimoli e mantenere alta l'attenzione dell'uditorio.

SEGRETO n. 12: nella parte centrale usa il principio della varietà.

FINALE

Questo è il momento più importante, forse più dell'inizio, perché in questa fase lascerai il ricordo di te e del tuo intervento. Puoi tranquillamente prevedere un finale formale, con frasi di ringraziamento e di circostanza; ma per accedere al cuore delle persone dovrai affidarti alla creatività e alla capacità di interpretare il tuo pubblico. In ogni caso le regole formali del finale prevedono:

- **Riassumere** ciò che hai detto e/o fatto durante il tuo intervento, cosa che favorirà la memorizzazione di quanto esposto.
- **Invito ad agire**. Riprendendo la definizione di comunicazione

data all'inizio, l'invito ad agire rappresenta sia il feedback ideale, sia uno degli obiettivi che, probabilmente, ti sei posto.

• **Emozioni**. Sai bene, ormai, che per poter *scolpire* realmente ciò che desideri nel cuore degli ascoltatori è necessario associare emozioni alle parole. Questo l'otterrai attraverso l'uso sapiente di metafore, visualizzazioni guidate e strategie che verranno più avanti spiegate. Il tuo compito, in questa fase, è quello di reperire materiale adeguato come storie, favole e frasi a effetto non scontate.

SEGRETO n. 13: nella parte finale includi questi tre elementi: riassunto, invito ad agire, *emozioni*.

Ricapitolando, vai a cercare materiale adeguato per l'inizio, la parte centrale e il finale del tuo discorso. Sicuramente la parte più corposa sarà quella centrale, perché è quella nella quale, di fatto, sarai maggiormente occupato a esporre ciò che devi comunicare.

Per avere un quadro immediato di tutto il tuo intervento è utilissimo rappresentare tutti gli argomenti in forma grafica, su un unico foglio che puoi tenere davanti a te o, comunque, a disposizione, in caso di bisogno. Potresti, infatti, dimenticare per un attimo la sequenza degli argomenti, o il momento in cui devi far svolgere un esercizio, o altre cose.

Ti consiglio, dunque, di rappresentare il tuo discorso sotto forma di *mappa mentale*. Qui di seguito ti fornisco una mappa molto semplice che rappresenta una lezione standard di public speaking.

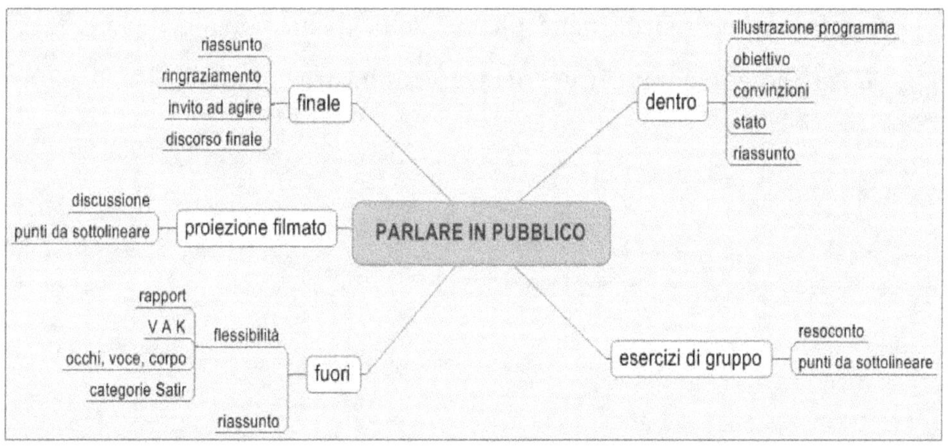

Come puoi notare, nella mappa sono inserite le parole chiave legate ai concetti che dovrai esporre. Essa reca al centro il titolo dell'intervento e poi si articola in vari *rami* che vanno letti in senso orario. Sui quattro rami principali sono indicate le quattro fasi dell'intervento e ciascuno di essi, a sua volta, reca le parole chiave dei sotto-argomenti attraverso i quali si sviluppa il discorso.

Il vantaggio della mappa mentale è di riuscire a controllare tutti gli argomenti con un solo *colpo d'occhio*. Per un approfondimento sulle mappe mentali ti rimando a letture specifiche. Adesso abbandoniamo carta e penna e dedichiamoci a qualcosa che risiede nelle pieghe della nostra mente, ovvero le nostre convinzioni; per poi dedicarci al nostro corpo.

RIEPILOGO DEL GIORNO 2:

- SEGRETO n. 6: le cinque risorse dei comunicatori straordinari sono: obiettivo, convinzioni, stato, rapport, flessibilità.

- SEGRETO n. 7: per ottenere qualunque cosa, non solo nella comunicazione, c'è bisogno di sapere esattamente COSA si vuole; PERCHÉ la si vuole; COME la si ottiene.

- SEGRETO n. 8: ciò su cui poni la tua attenzione, accade.

- SEGRETO n. 9: più sono i *perché*, più ti garantisci il risultato.

- SEGRETO n. 10: il titolo del tuo intervento deve creare curiosità (e aspettative) e riassumere.

- SEGRETO n. 11: all'inizio il pubblico si chiede:

  4. Perché tu? Chi sei? Perché sei lì a parlare?

  5. Cosa farai? Come lo farai?

  6. Perché loro? Quali sono i vantaggi per chi ti ascolta?

- SEGRETO n. 12: nella parte centrale usa il principio della varietà.

- SEGRETO n. 13: nella parte finale includi questi tre elementi: riassunto, invito ad agire, *emozioni*.

GIORNO 3:
Come sfruttare il potere
delle convinzioni

In che modo le convinzioni influenzano il comportamento

Cosa sono le convinzioni? Te lo sei mai chiesto? Ora rispondi a quest'altra domanda. Credi di poter improvvisare un discorso davanti a 10.000 persone senza alcun preavviso? Forse hai risposto sì o forse no; in ogni caso, prima di rispondere, hai avuto accesso a una *sensazione* interna. Ti ricordo che siamo in quella parte del nostro viaggio chiamata *dentro*. E non è un caso, perché tutte le risposte le trovi proprio dentro di te.

Le convinzioni sono, innanzitutto, delle sensazioni che evocano certezza e stabilità. Più siamo convinti di qualcosa, più la sensazione è forte e più avvertiamo un vero e proprio fastidio, spesso fisico, di fronte alla possibilità che la nostra convinzione possa essere messa in dubbio. Prendi un bambino che crede a Babbo Natale e spiegagli che, in realtà, non esiste. Come reagisce? Prima ti dà del bugiardo; poi comincia a insultarti;

infine piange, perché *qualcosa dentro* di lui ha avuto uno scossone, qualcosa è stato messo in dubbio.

Gli adulti fanno esattamente la stessa cosa. Quando le loro certezze cominciano a vacillare si sentono persi. È chiaro che in questo caso parliamo di convinzioni importanti, capaci di guidare le azioni di una vita intera che, comunque, sono molte più di quanto non pensiamo.

Come è strutturata la paura di parlare

Ti sei mai chiesto cos'è la paura di parlare? Ebbene, non è altro che una convinzione! Vediamo com'è strutturata. Riprendendo la domanda iniziale, se **credi** di non essere in grado di parlare davanti a 10.000 persone, probabilmente nella tua vita hai cercato e cerchi, ancora adesso, di evitare situazioni del genere. Il tuo ragionamento avrà questa sequenza:

1) non sono in grado;

2) faccio una brutta figura;

3) la gente riderà di me;

4) evito!

Ti ricorderai di una volta in cui ti sei trovato in una situazione simile e hai provato disagio, e ora pensi che la regola sia: *parlare in pubblico = disagio*. Pensando alla possibilità che possa ricapitarti probabilmente ti figurerai la situazione catastrofica di te stesso che rimani muto e terrorizzato davanti alla platea. Senti un nodo in gola, la bocca asciutta e le *farfalle* nella pancia; cominci a sudare freddo e non riesci, nemmeno sforzandoti, a sfuggire a quella terribile sensazione.

Pensa, tutto questo accade dentro di te *prima* che quell'evento si verifichi e anche *a prescindere* dal suo verificarsi. Ti rendi conto della *potenza* delle convinzioni? Quando sei convinto di una cosa (in questo caso, di non farcela) vai inconsciamente alla ricerca continua di conferme per questa tua convinzione. Per cui ricorderai altre situazioni analoghe di disagio; cose lette, persone, situazioni, insomma tutta una serie di elementi che andranno a rafforzare il tuo pensiero.

Se invece **credi** di essere in grado di parlare davanti a 10.000 persone, nella tua testa accadranno le stesse cose ma in forma potenziante, e il tuo ragionamento avrà quest'altra sequenza:

1) sono in grado;

2) faccio un figurone;

3) la gente mi adorerà;

4) mi butto!

Ricorderai situazioni in cui hai parlato in pubblico con sicurezza e non necessariamente di fronte a tante persone, perché ciò che conta è la *sensazione* che hai provato, e la tua mente andrà alla ricerca di esperienze che ti confermino quella sensazione.

Anche in questo caso, il processo mentale opera *prima* e *a prescindere* dall'evento. Questo è un aspetto che devi tenere a mente, perché ti conferma che **ciò che credi influenza il tuo comportamento a prescindere dalle tue effettive capacità**.

Mi spiego meglio con un altro esempio. Se sei un venditore di automobili e non credi affatto nella convenienza dell'auto italiana, mentre, invece, credi ciecamente nell'auto tedesca, non penso che spenderai molte energie per convincere i tuoi clienti ad acquistare una nuova *Bravo*. Al contrario, darai tutto te stesso per vendere una *Golf*. Anzi, probabilmente ne avrai acquistata una tu stesso e gliela mostrerai; declamerai con estrema serietà, convinzione ed entusiasmo i pregi della vettura, mostrando la sicurezza di colui che mette la mano sul fuoco per difendere le proprie scelte! Ora, che sia la *Bravo* o la *Golf*, il venditore sei sempre tu e il tuo comportamento cambia unicamente in base a ciò che credi riguardo a quelle due auto.

Quindi, ancora una volta, tutto accade nella tua testa (convinzione) e il tuo corpo (comportamento) si conforma esattamente a quella *sensazione* di certezza che ti dà la tua convinzione. Tu sei sempre la stessa persona, ma ti comporti da grande o da pessimo venditore esclusivamente in relazione a ciò che credi.

SEGRETO n. 14: ciò che credi influenza il tuo comportamento a prescindere dalle tue effettive capacità.

Ora ritorniamo nel campo della comunicazione. Tu sei sempre la stessa persona, ma puoi credere di essere un grande oratore o un pessimo oratore e, di conseguenza, ti comporterai da grande o da pessimo oratore in base a ciò a cui sei abituato a credere; in base, cioè, al "modello" che hai, con il passare del tempo, costruito e rafforzato con il pensiero.

Hai compreso il meccanismo? Una volta capito che non sei tu quello che deve cambiare, ma solo il modello di pensiero (la struttura), che ti fa credere di non essere capace di parlare in pubblico (o fare qualsiasi altra cosa), vediamo come puoi intervenire su questo processo mentale.

Innanzitutto devi sapere che non è sempre sufficiente eliminare una convinzione limitante; occorre *sostituirla* con una nuova convinzione potenziante. In genere, nel campo della comunicazione in pubblico le convinzioni limitanti più diffuse sono due e presentano sempre una componente di auto-svalutazione; esse sono:

- quello che dico non è poi così importante;
- non sono capace di dirlo.

Due convinzioni potenzianti che sarebbe, invece, opportuno assumere e metabolizzare sono:

- ciò che dico è di importanza straordinaria!
- sono il migliore per parlare di questa cosa!

Cosa ne dici? Non sarebbe più comodo e produttivo *installarsi* queste? Credo proprio di sì! E allora leggi lo schema che segue, possibilmente prendendo almeno quindici minuti di tempo solo per te; senza telefoni o intrusioni esterne e con un bel foglio di carta e una penna da utilizzare all'occorrenza.

Come eliminare una convinzione limitante sostituendola con una convinzione potenziante

1° passo: individua una convinzione limitante

Forse tra le convinzioni che ti limitano nella comunicazione in pubblico ce n'è una delle due indicate sopra o, forse, qualcun'altra. Non importa: individua una convinzione limitante che ti pesa proprio tanto e scrivila. Leggi e percepisci la sensazione che ti provoca.

2° passo: pensa alle conseguenze negative che ti provoca questa convinzione e insinua il dubbio

Devi cominciare a pensare quanto ti costerà continuare ad avere questa convinzione. Proietta gli effetti di questa convinzione sui vari aspetti della tua vita e chiediti che conseguenze avrà a livello finanziario, fisico, di relazioni personali, di lavoro ecc., possibilmente amplificandone gli effetti, fin quasi a provare un vero e proprio *dolore* da associare a questa convinzione. Mettici il tempo necessario; fallo senza esitazioni ma con l'obiettivo preciso di migliorare la tua vita. Una volta che ti sei concentrato sugli effetti negativi, per destabilizzare ulteriormente questa convinzione, comincia a **insinuare il dubbio.**

Chiediti, cioè, se è proprio vero che è *sempre così*. Ricorda situazioni in cui, nonostante quella convinzione, sei riuscito ugualmente a ottenere dei buoni risultati. Pensa a quelle volte in cui, pur a fatica, hai ottenuto quello che desideravi.

La prima volta che ebbi l'opportunità di presentare un evento al teatro più importante della mia città, il Teatro Ventidio Basso, ero convinto che non ce l'avrei fatta; che avrei sudato per tutta la serata; che sarei rimasto muto e così via. Ero ancora piuttosto inesperto nella pratica e, soprattutto, era la prima volta che comparivo in quel teatro in qualità di presentatore. Nonostante tutto, e pur con la camicia zuppa di sudore (fortunatamente nascosta dalla giacca), la serata andò magnificamente e fui riconfermato per ulteriori tre anni. Ora quell'episodio è diventato per me la prova che **non è affatto vero** che «... se una cosa è andata sempre in un modo continuerà ad andare in quel modo»; che, invece, è una convinzione diffusissima. Le cose cambiano: questa è la buona notizia.

3° passo: trova una nuova convinzione potenziante da sostituire a quella limitante

Il nostro cervello ha bisogno di seguire una direzione. Se prima i tuoi comportamenti erano sorretti dalla precedente convinzione e, sulla scia di questa, erano poco produttivi, non puoi, adesso, limitarti semplicemente a bloccare quei comportamenti, perché rimarresti immobile e non saresti in grado di raggiungere alcun obiettivo. Devi trovare una nuova direzione e puoi farlo, come ti dicevo prima, assumendo una convinzione che sostituisca quella precedente.

Se, per esempio, hai la seguente convinzione: «Quello che dico non è poi così importante» (quindi nella tua testa ti figuri i tuoi interlocutori annoiati a morte dalle tue parole) puoi provare a sostituirla con: «Ciò che dico è di importanza straordinaria!»

4° passo: associa piacere alla nuova convinzione.

Ora comincia a pensare a quanto migliorerebbe la tua vita se assimilassi questa nuova convinzione. Come prima, proiettane gli effetti benefici su tutti gli aspetti della tua vita e associa tanto *piacere* a questi pensieri. Immagina quante opportunità nuove potresti cogliere; quanto migliorerebbero i tuoi rapporti di lavoro, le tue relazioni personali; pensa a quali nuove opportunità finanziarie potrebbero nascere dal fatto che sei un comunicatore straordinario. È un po' come l'esercizio dei *perché* di prima, in cui focalizzi l'attenzione sugli aspetti positivi e potenzianti delle tue azioni.

Scrivi tutti i *piaceri* su un foglio, così che possa guardarlo spesso per rafforzare la tua convinzione. Come nel secondo passo, inoltre, richiama alla memoria episodi in cui sei riuscito a ottenere risultati, e **gratificati** per questo.

5° passo: visualizza!

Questo è il passo fondamentale, decisivo. È quello che farà la differenza. Immagina di comportarti come se avessi già questa convinzione. Crea una serie di film nella tua testa in cui vedi te stesso comportarti nel modo che desideri. Immaginati *al presente*: Come ti comporti? Quali risultati ottieni? Arricchisci, poi, l'immagine di particolari e rendila grande, nitida, vicina e luminosa. Nota quali persone sono accanto a te; quali particolari definiscono l'ambiente; come sei vestito; ascolta come parli; nota come ti muovi; vivi le sensazioni di piacere derivanti dalle tue nuove convinzioni potenzianti.

Fallo spesso! Più immagini di *vivere* le tue convinzioni, più il tuo cervello avrà la sensazione che quelle cose le hai fatte veramente, per cui sarà come un continuo allenamento su situazioni desiderate. Ricorda che la chiave del cambiamento sta nella ripetizione costante di questi cinque passi.

SEGRETO N. 15: i cinque passi per eliminare una convinzione limitante, sostituendola con una convinzione potenziante, sono i seguenti:
1° passo: individua una convinzione limitante;
2° passo: pensa alle conseguenze negative che ti provoca questa convinzione e insinua il dubbio;
3° passo: trova una nuova convinzione potenziante da

sostituire a quella limitante;

4° passo: associa piacere alla nuova convinzione;

5° passo: visualizza!

Come pensare in maniera produttiva

Ora che conosci il procedimento ti suggerisco alcune riflessioni che potresti assumere come convinzioni. Esse fanno parte del modello della Programmazione Neuro-Linguistica (PNL) e descrivono, in pratica, l'essenza della buona comunicazione umana. Una volta che le avrai assimilate si creeranno le necessarie reazioni e i comportamenti conseguenti, cosicché potrai operare in un sistema di certezze sane e potenzianti.

Ciascuno ha il proprio modello del mondo

Hai mai sentito la frase "la mappa non è il territorio"? In essa è riassunto, in qualche modo, il pensiero di Alfred Korzybski, filosofo e matematico polacco, secondo il quale la nostra percezione del mondo non coincide con il mondo stesso. Ciascuno di noi, infatti, filtra la realtà e la codifica in una "mappa" che ha valore personale e, quindi, soggettivo e diverso dalla realtà oggettiva, identificata, a sua volta, con il "territorio".

La nostra mappa è influenzata dall'ambiente in cui viviamo, dalle persone che frequentiamo, dalla nostra cultura, dalle convinzioni e dai valori che ci portiamo dentro ed è attraverso essa che ci orientiamo nella nostra vita. Il punto importante da considerare è che la nostra mappa non è l'unica e non è oggettiva. Ciascuno ha una propria mappa e, quindi, un proprio modello del mondo.

Ecco perché per una buona comunicazione fra individui è necessario anche **rispettare il modello del mondo altrui.** Cioè, riconoscere il punto di vista di chi ci ascolta. Questo non vuol dire conformarsi ad esso, ma soltanto provare a guardare le cose anche da quel punto di vista.

Questa convinzione ha l'effetto di "arricchire" la nostra mappa, dunque è un segno di intelligenza e non (come spesso si pensa) di debolezza. Il prossimo segreto consiste proprio in questo.

SEGRETO n. 16: arricchisciti più che puoi dei *modelli del mondo* che ti circondano, perché ti daranno nuovi spunti, nuove motivazioni, nuove possibilità di scelta, e ti renderanno sempre più completo.

La qualità della comunicazione è nella risposta che ottieni

Un'errata convinzione molto diffusa è che siano gli altri ad avere l'onere di capire quanto stiamo comunicando. Spesso, quando qualcuno non comprende il nostro messaggio, lo giudichiamo disattento, limitato o, addirittura, ignorante.

Ti è mai capitato di assistere a questa scena? Tizio dice a Caio una cosa qualsiasi; Caio risponde: «Non ho capito, puoi ripetere?» Tizio ripete, dicendo esattamente ciò che ha detto poco prima; magari con un tono di voce più alto. Caio continua a non capire e a chiede a Tizio di ripetere nuovamente... Questo ciclo continua finché Tizio non dice a Caio: «Ma allora proprio non capisci; sei un *tonto*!».

Vuoi sapere qual è la verità? Caio non è affatto tonto; è Tizio a sbagliare! La pessima qualità della loro comunicazione è data proprio dal fatto che Tizio *non riesce a farsi capire*! Sì, perché é Tizio ad avere la *respons-abilità* di farsi comprendere, e non il contrario. In parole povere, chi vuole trasmettere il messaggio deve trovare il modo di farsi capire. Qual è stato l'errore di Tizio dopo che Caio gli ha detto di non aver capito? È stato quello di aver ripetuto il concetto esattamente nello stesso modo.

Cosa avrebbe dovuto fare, invece? Avrebbe dovuto **cambiare il modo di trasmettere**, dopo essersi informato di *cosa precisamente* non aveva capito Caio. Una volta acquisite le necessarie informazioni avrebbe dovuto riformulare il suo messaggio in maniera diversa, adattandosi al linguaggio, o comunque, al *modello del mondo* di Caio.

Un vecchio detto afferma che *se fai le cose che hai sempre fatto otterrai i risultati che hai sempre ottenuto*. Ecco, allora: è questo il valore della flessibilità che ho indicato tra le risorse dei comunicatori straordinari, che illustro nel corso "Comunicatori straordinari!®", e che racchiude l'essenza del prossimo segreto.

SEGRETO n. 17: se non riesci a farti capire cambia il modo di trasmettere.

Se hai la convinzione che essere flessibile è una dote, una risorsa, un asso nella manica, allora il tuo inconscio ti guiderà verso soluzioni sempre più creative ed efficaci.

Non esiste resistenza, ma solo mancanza di flessibilità

È chiaro che se hai compreso il concetto appena espresso, questa regola ti appare come una logica conseguenza di esso. Ripeto che l'onere di elevare la qualità della comunicazione grava sul trasmittente e non sul ricevente. Beninteso, nella comunicazione i ruoli di trasmittente e ricevente si invertono continuamente, per cui anche chi riceve un messaggio e vuole trasmetterne un altro ha l'onere, a sua volta, di farsi capire.

La resistenza è segno di mancanza di rapport

Il concetto di rapport lo approfondiremo più avanti. Qui ti basti sapere che rapport è sinonimo di sintonia, per cui diventa chiaro che in assenza di sintonia dilaga la resistenza, l'incomprensione, il dubbio e tutti quei fattori che spezzano i legami tra individui.

Dunque, nella nostra comunicazione (efficace) dobbiamo andare a cercare ciò che ci unisce, ci accomuna e ci sintonizza con l'altro, e iniziare da lì. La resistenza è per noi un segnale che ci suggerisce, ancora una volta, di essere flessibili e cercare un modo diverso per entrare in sintonia.

Non esistono fallimenti ma solo feedback

Un altro atteggiamento limitante è quello di generalizzare un risultato deludente etichettandolo come un fallimento. Niente di più sbagliato! Analizziamo la *sensazione* di delusione. Essa deriva dalla percezione delle reazioni del pubblico, e quindi dal feedback. Ma il feedback, come abbiamo appena visto, non è altro che una **preziosa informazione** che ci indica se dobbiamo continuare a seguire quella rotta o se dobbiamo virare leggermente; oppure, cambiarla completamente.

Questo è il reale valore del feedback e in questo modo va trattato. Da esso capiamo se c'è sintonia, rapport. È qualcosa che va tenuto costantemente sotto controllo, perché estremamente variabile. Ecco perché non va mai generalizzato. Se capisci che qualcosa non è andato come volevi, analizzando il feedback otterrai le necessarie indicazioni per capire cosa e in che modo variare la tua comunicazione la volta successiva (o immediatamente).

Insomma, mai ancorare uno stato d'animo negativo al feedback, perché non è quella la verità. Usa le reazioni del pubblico come uno specchio sul quale osservare quali parti della tua comunicazione puoi modificare in relazione ai risultati che desideri ottenere.

Tutte le risorse sono già dentro di te

Questa sì che è una convinzione super! Nella tua vita hai fatto cose buone e raggiunto risultati a prescindere dalle tecniche che stai imparando adesso. Questo vuol dire che hai raggiunto l'obiettivo attraverso una *forza* che era già in tuo possesso. Tutto ciò che hai fatto per ottenere quello che hai ottenuto non è stato altro che convogliare, in qualche modo, questa energia, dall'interno, verso l'obiettivo. A sua volta, questa energia è stata la somma delle convinzioni del momento, delle circostanze e dei comportamenti conseguenti che hanno portato al raggiungimento della meta desiderata.

Non è stato il caso a farti ottenere il successo: sei stato tu, anche se non lo sai o non ci credi (ancora). E allora, non cercare le risorse all'esterno perché il *comunicatore straordinario* è già dentro di te! A conclusione di questo paragrafo ti ricordo nuovamente che queste convinzioni non debbono essere semplicemente imparate a memoria, ma assimilate, assunte, visualizzate e applicate costantemente nella vita quotidiana, utilizzando lo schema a cinque fasi che ti ho illustrato poco fa.

Puoi decidere di occuparti della strutturazione e assunzione di una convinzione alla volta, programmando i giorni in cui lo farai. È opportuno che, per ciascuna, tu vada a cercare degli esempi nella tua vita o in esperienze altrui, per poterle visualizzare e trovare delle conferme.

Le regole esposte non si riferiscono solo al public speaking, ma all'universalità dei rapporti umani, per cui diventa facile trovare situazioni in cui applicarle. Ricordati, infine, di visualizzare e di associare piacere alle immagini; solo così i concetti potranno essere assimilati e andare a far parte realmente delle tue convinzioni.

SEGRETO n. 18: assumi convinzioni potenzianti:
1. **ciascuno ha il suo modello del mondo;**
2. **la qualità della comunicazione è nella risposta che ottieni;**
3. **non esiste resistenza ma solo mancanza di flessibilità;**
4. **la resistenza è segno di mancanza di rapport;**

5. non esistono fallimenti ma solo feedback;

6. tutte le risorse sono già dentro di te.

Per rendere più facile questo processo di interiorizzazione puoi utilizzare un meccanismo che in PNL viene denominato "ancora".

Come "ancorare" stati d'animo produttivi

Avrai sicuramente sentito parlare di Ivan Pavlov, lo scienziato russo che ha scoperto il cosiddetto "riflesso condizionato". In sintesi, nei suoi esperimenti con i cani, egli faceva seguire alla presentazione del cibo un suono. Ripetendo costantemente questa procedura accadde che i cani cominciassero a salivare al solo ascolto del suono. Si era, quindi, creata deliberatamente una connessione tra un dato comportamento e uno stimolo uditivo. La connessione tra un comportamento e uno stimolo fisico, visivo o uditivo in PNL viene definita *ancora*.

Fai quest'esperimento. Immagina il tuo cibo preferito: è lì, davanti a te, nel piatto. Riconoscine i colori, sentine il profumo e pregustane il sapore; stai per mangiarlo, forse senti già lo stomaco che brontola.

Ora, quando senti che questa sensazione e questa voglia di mangiarlo sono quasi al culmine, con quell'immagine davanti agli occhi, premi fortemente il pollice della mano destra contro l'indice (questa è l'ancora). Dopo qualche istante rilasciali e fai qualcos'altro.

Ora uniscili di nuovo e, automaticamente, dovresti avvertire la sensazione associata all'immagine del tuo piatto preferito. Se non è così ripeti l'esercizio assicurandoti di far scattare l'ancora quando la tua sensazione è quasi al culmine.

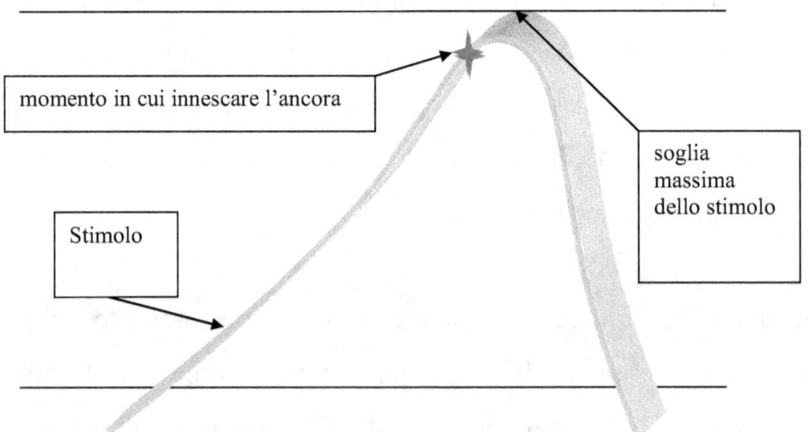

Bene, hai capito che hai una "bomba" tra le mani! Certo, perché puoi applicare le ancore a tutto ciò che vuoi per rivivere una data sensazione. E allora, perché non approfittarne con le sensazioni che ti possono derivare dalle convinzioni potenzianti? Prendile una a una e costruisci delle ancore in modo tale da farle tornare a comando, cosicché tu possa avere una sorta di "pannello di controllo" delle tue sensazioni. Bello, vero? Che aspetti? Fallo subito! Esercitati perché è del tuo successo che stiamo parlando!

SEGRETO n. 19: ancora le sensazioni positive che derivano dalle tue convinzioni potenzianti.

Le regole per gestire il tuo stato psico-fisico

Abbiamo detto, all'inizio, che per poter comunicare con sicurezza ed efficacia è necessario curare due aspetti fondamentali e intimamente connessi all'interno del processo comunicativo: la gestione del proprio stato interno (fisico e psichico) e la comunicazione delle informazioni verso l'esterno.

Questi due momenti sono inscindibili e vanno analizzati approfonditamente partendo dalla gestione dello stato interno, perché quello che hai *dentro* inevitabilmente esce *fuori*; ecco perché il nostro viaggio è partito da *dentro*. La corretta gestione dello stato interno ti permette di attingere alla gran parte del tuo potenziale personale, e può farti raggiungere i risultati desiderati secondo lo schema seguente:

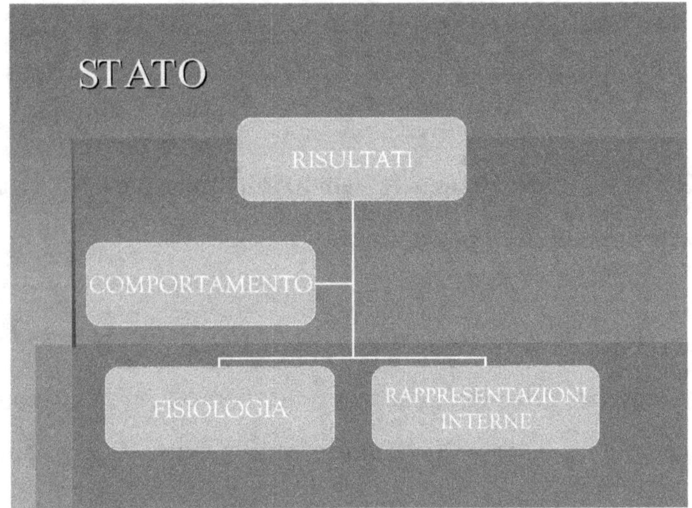

Tieni a mente le regole seguenti e fermati a pensare alla fine di ogni frase, cercando esempi nella vita quotidiana; ti aiuterà a comprendere più velocemente il processo.

I risultati che ottieni dipendono dal tuo comportamento

Fin qui nulla di nuovo; i tuoi risultati dipendono dalle azioni che poni in essere. Ciò vuol dire che, qualunque obiettivo tu abbia, per raggiungerlo devi tradurlo in azioni precise, dirette allo scopo che ti sei prefissato. A questo punto le azioni che poni in essere (comportamento) diventano fondamentali, perché possono essere funzionali o disfunzionali rispetto al tuo scopo. Inoltre, è anche possibile che tu non riesca, nonostante la buona volontà, ad assumere un determinato comportamento: per cui è necessario capire che cosa influisce sulle tue azioni, cosa le comanda.

Il tuo comportamento dipende dallo stato in cui ti trovi (fisiologia) e dalle tue rappresentazioni interne (visualizzazioni)

Ti sarà capitato di dover eseguire un lavoro in un momento in cui, ad esempio, stavi poco bene. È naturale che quando ti senti fisicamente a terra anche il tuo comportamento ne risenta, così come accade ogni volta che la tua mente è carica di pensieri negativi, quando hai paura, sei in ansia, ti senti perdente e così via.

Che cosa accade in questi momenti? Se potessi filmarti noteresti che la tua postura è dimessa: le spalle sono curve e la testa è rivolta in basso; nel complesso, sei in una posizione di totale chiusura verso l'esterno e metti il "muso". Nella tua testa proietti immagini disastrose di te stesso che fallisce; hai una vocina interna che ti ripete quanto non vali nulla o cose del genere. Come potresti, in questo *stato*, portare a termine con profitto il tuo lavoro? Credo sarebbe molto difficile.

Pensa invece a quando ti senti bene; a quando hai la situazione in pugno. La tua postura è eretta, le spalle larghe; sei aperto verso l'esterno e hai un sorriso a trentadue denti! In testa proietti immagini fantastiche di te stesso: hai la situazione in pugno, sei sicuro di te e, qualunque cosa accada... "sarà un successo"!

È chiaro che in questo stato riusciresti a ribaltare qualunque situazione in un successo, e porteresti a termine il tuo lavoro a una velocità impressionante. Dunque, **se sei nello stato giusto puoi ottenere ciò che hai stabilito o, comunque, rendere massima la probabilità di ottenerlo.**

SEGRETO n. 20: le regole per gestire il tuo stato psico-fisico:

1. **i risultati che ottieni dipendono dal tuo comportamento;**

2. **il tuo comportamento dipende dallo stato in cui ti trovi (fisiologia) e dalle tue rappresentazioni interne (visualizzazioni);**

3. **se sei nello stato giusto puoi ottenere ciò che hai stabilito o, comunque, rendere massima la probabilità di ottenerlo.**

Ricapitolando, ciò che determina, in larga misura, i tuoi risultati è il modo in cui ti senti, che a sua volta è determinato dalla tua fisiologia e da ciò che hai nella mente. A questo punto, solitamente, le persone mi chiedono: «Come posso modificare ciò che ho nella mente?»; oppure: «Come posso modificare il mio stato fisico?»

A queste domande possiamo dare tre risposte. La prima puoi ritrovarla nel paragrafo precedente dedicato alle convinzioni. Ciò che hai nella mente e che visualizzi sono le immagini evocate dalle tue convinzioni, e ora sai che esistono cinque passi per eliminarle e sostituirle. Le altre risposte sono: "cambia la tua fisiologia"; oppure: "cambia le tue visualizzazioni". Per *fisiologia* si intende la posizione del tuo corpo, statica o dinamica, e tutte le funzioni ad esso associate, come, ad esempio, la respirazione.

Insomma, **il modo in cui ti senti può modificare la tua fisiologia, ma anche la tua fisiologia può modificare il modo in cui ti senti.** E questa è una grande notizia, perché se è vero che risulta difficile, a volte, cambiare i propri pensieri, al contrario è molto semplice cambiare la propria postura, la quale, a sua volta, influenzerà i pensieri. È una prova che corpo e mente formano una cosa sola.

Per renderti conto dell'efficacia di questo assunto voglio che tu svolga un esercizio. Pensa a qualcosa che ti faccia deprimere. Richiama alla mente un pensiero di quelli che ti rovinano la giornata! Se ci riesci, nota che tipo di postura hai assunto. Probabilmente sei curvo e dimesso; la testa e lo sguardo puntano verso il basso e intanto pensi: «Perché proprio a me?»

Se senti di dovermi maledire per questo esercizio vuol dire che sei depresso al punto giusto!! Non preoccuparti, perché questo stato ti durerà ancora per poco. Adesso fai come ti dico. Scrolla vigorosamente tutto il corpo, come fanno i cani quando sono bagnati. Immagina che tutti i pensieri cadano per terra a seguito di questo movimento liberatorio. Se ti va fai anche qualche salto. Dovresti già sentirti meglio, ma non finisce qui.

Ora mettiti in piedi; eretto; con le gambe leggermente divaricate. Comincia a contrarre i muscoli delle gambe a partire dal basso verso l'alto. Quindi, continua con il fondoschiena, i fianchi, gli addominali, il petto, le braccia e l'intera schiena fino al collo. Punta la testa verso l'alto e ruota gli occhi verso il soffitto; mentre lo fai sfodera un sorriso in modo da mostrare i denti e ripetiti continuamente: «E vai!!»; «Sìì!» Bene, ora, rimanendo in questa posizione, prova a sentirti depresso!

Non ci riesci, vero? Fortunatamente, questo accade perché il nostro cervello funziona in modo differente. Se, infatti, ti senti depresso mentalmente, ma il tuo corpo non è congruente con questi pensieri (anzi, invia messaggi opposti), la depressione non riuscirà a prevalere.

Riassumendo, per una buona comunicazione devi sgombrare la

mente da visualizzazioni depotenzianti o, addirittura, catastrofiche come: «Non ricordo quello che devo dire...», e riempire il cervello di visualizzazioni potenzianti, prendendo spunto dalle convinzioni che ti ho illustrato nel capitolo precedente.

Devi, altresì, assumere una posizione del corpo (e dei movimenti) tale da creare uno stato di sicurezza e potenza, sincronizzando il respiro su quello stato. Facendo le due cose contemporaneamente invierai al cervello un messaggio congruente di sicurezza e controllo.

Vediamo, adesso, cosa devi fare quando devi parlare in pubblico. In questa situazione è molto utile assumere quello che viene definito lo *stato del trainer*. Detto per inciso, questo stato fisiologico è utilissimo per poter superare la **paura di parlare**. La postura assunta, infatti, permette un controllo sul corpo e favorisce il rilassamento.

Guarda la figura seguente.

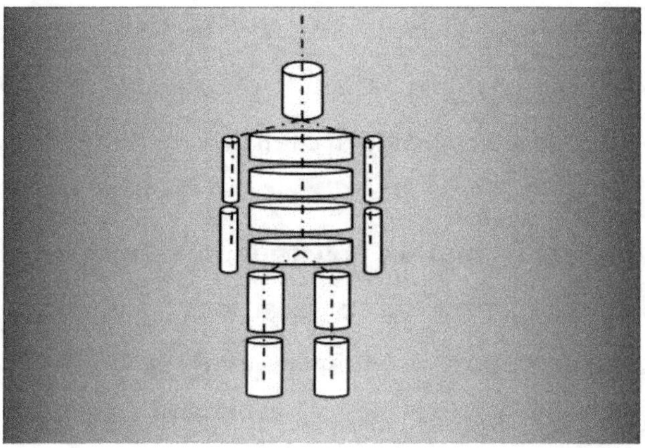

Immagina di avere un corpo costituito da tanti cilindri bucati al centro e uniti insieme da una corda che scorre attraverso essi. Se la corda è lenta tutto il corpo si affloscia per terra, come quello di una marionetta. Se, invece, è tirata dall'alto, tutta la figura si erge e i buchi in mezzo lasciano liberi i cilindri di assestarsi in maniera naturale.

Ed è proprio così che devi sentirti. Devi immaginare di essere tirato verso l'alto da questa corda che ti scorre dentro e ti sorregge completamente, trovando naturalmente il tuo baricentro e lasciandoti libero nei movimenti. Le mani si rilassano verso il basso, pendendo lungo il corpo. Prova, adesso, ad assumere questo stato e percepisci la sensazione che ti provoca. Fallo spesso, anche se non devi parlare in pubblico. È una postura che genera naturalmente uno stato di calma ed equilibrio.

Come utilizzare il respiro e la tensione muscolare

Una volta assunta la giusta posizione puoi completare il raggiungimento dello stato ottimale attraverso alcuni **esercizi di respirazione** abbinati a visualizzazioni guidate. Questa pratica è mirata sia a liberare energia sia ad avere una maggior consapevolezza delle tue risorse interiori. Un buon esercizio di respirazione è il seguente; prima leggilo e poi eseguilo:

1. chiudi gli occhi;
2. inspira profondamente contando mentalmente fino a due; visualizzando l'aria che entra dalle narici, come una fonte di energia pura;
3. trattieni il respiro contando fino a otto e, mentre lo fai, immagina quell'energia che si propaga attraverso tutto il tuo corpo e lo rafforza;
4. espira con il naso o con la bocca contando fino a quattro, immaginando di eliminare dal corpo tutte le tossine e le tue

ansie;

5. ripeti questo ciclo almeno cinque volte.

Un altro esercizio, utilissimo nel public speaking per confermare la consapevolezza delle proprie potenzialità e per acquisire sicurezza, è quello che segue:

1. rimanendo in piedi, nella posizione del trainer, respira lentamente e percepisci l'aria che entra ed esce dalle tue narici;

2. osserva un punto nella parete di fronte a te, poi chiudi gli occhi;

3. concentrati su quel punto e, sempre a occhi chiusi, cerca di ricostruire tutta la parete, includendo nella visualizzazione tutti i particolari, i colori, gli oggetti, le persone e tutto quello che ti viene in mente;

4. allarga ora il tuo sguardo interno anche alle pareti laterali e ricostruiscile con tutti i particolari, così come hai appena fatto;

5. cerca ora, con lo stesso metodo, di spostare il tuo occhio interno a tutto ciò che c'è dietro di te;

6. immagina adesso di uscire dal corpo, di sollevarti e di

guardare dall'alto la stanza dove ti trovi; osserva attentamente tutto quello che c'è dentro;

7. sei consapevole e padrone di tutto quello che stai guardando e la tua energia penetra ogni singolo oggetto in quella stanza;

8. ora, lentamente, torna dentro al tuo corpo e percepisci la presenza di ogni particolare dentro di te, che è in tuo potere, e mentre lo fai, gratificati;

9. Con quell'immagine e sensazione, mentre respiri regolarmente, lentamente, apri gli occhi.

Ed ecco un ultimo esercizio, ottimo per scacciare l'ansia in pochi secondi; utile da usare quando ne hai una reale emergenza:

1. contrai i muscoli del collo e poi, a seguire, quelli delle spalle, delle braccia, dell'addome, delle natiche, delle cosce, dei polpacci e, infine, dei piedi;

2. rimani contratto e riversa questa sensazione sulla tua pancia;

3. immagina ora di far fluire tutta l'ansia al centro della tua pancia e, da lì, all'interno di una sfera di energia, che è tanto più compressa quanto più è profonda la tua ansia;

4. ora, all'interno della sfera, che si trova al centro della tua

pancia, è contenuta tutta la tua ansia e tutti i tuoi pensieri negativi;

5. immagina di utilizzare l'energia dei muscoli contratti per rilasciarla tutta in una volta e far balzare via quella sfera a velocità supersonica;

6. conta: tre, due, uno e poi urla con tutta la tua energia «Viaaa!!», immaginando che la sfera parta a tutta velocità e si perda nell'universo portando via con sé tutta l'ansia;

7. assapora la sensazione di leggera debolezza che provi dopo aver contratto e rilasciato i muscoli;

SEGRETO n. 21: sfrutta il respiro e la tensione muscolare per confermare la tua consapevolezza, acquisire sicurezza, liberarti dell'ansia e raggiungere, così, lo stato ottimale.

Bene, ora sai come trovare le risorse che ti permettono di raggiungere uno stato fisico ottimale e hai appreso le strategie per installare dentro di te convinzioni utili e produttive.

A questo punto, prima di continuare nella lettura, devo farti una raccomandazione importante. Se vuoi veramente diventare un comunicatore straordinario devi assolutamente assimilare queste prime tre risorse, di cui abbiamo parlato fino a questo punto. In altre parole, devi essere sicuro di essere tu a decidere di controllare e gestire i tuoi obiettivi, i tuoi comportamenti, le tue convinzioni e il tuo stato.

Ti consiglio, quindi, di rileggere e ripetere gli esercizi fino a quando non sarai sicuro di aver installato le nuove convinzioni potenzianti dentro di te; finché non sarai capace di cambiare a comando il tuo stato. Solo in questo caso sarai in grado di attingere al massimo del tuo potenziale. Appena avrai acquisito questa consapevolezza non dovrai fare altro che girare pagina e vedere cosa succede... *fuori!*

RIEPILOGO DEL GIORNO 3:

- SEGRETO n. 14: ciò che credi influenza il tuo comportamento a prescindere dalle tue effettive capacità.

- SEGRETO n. 15: i cinque passi per eliminare una convinzione limitante, sostituendola con una convinzione potenziante, sono i seguenti:

  1° passo: individua una convinzione limitante;

  2° passo: pensa alle conseguenze negative che ti provoca questa convinzione e insinua il dubbio;

  3° passo: trova una nuova convinzione potenziante da sostituire a quella limitante;

  4° passo: associa piacere alla nuova convinzione;

  5° passo: visualizza!

- SEGRETO n. 16: arricchisciti più che puoi dei *modelli del mondo* che ti circondano, perché ti daranno nuovi spunti, nuove motivazioni, nuove possibilità di scelta, e ti renderanno sempre più completo.

- SEGRETO n. 17: se non riesci a farti capire cambia il modo di trasmettere.

- SEGRETO n. 18: assumi convinzioni potenzianti:

  1. ciascuno ha il suo modello del mondo;

2. la qualità della comunicazione è nella risposta che ottieni;

3. non esiste resistenza ma solo mancanza di flessibilità;

4. la resistenza è segno di mancanza di rapport;

5. non esistono fallimenti ma solo feedback;

6. tutte le risorse sono già dentro di te.

- SEGRETO n. 19: ancora le sensazioni positive che derivano dalle tue convinzioni potenzianti.

- SEGRETO n. 20: le regole per gestire il tuo stato psico-fisico:

  1. i risultati che ottieni dipendono dal tuo comportamento;

  2. il tuo comportamento dipende dallo stato in cui ti trovi (fisiologia) e dalle tue rappresentazioni interne (visualizzazioni);

  3. se sei nello stato giusto puoi ottenere ciò che hai stabilito o, comunque, rendere massima la probabilità di ottenerlo.

- SEGRETO n. 21: sfrutta il respiro e la tensione muscolare per confermare la tua consapevolezza, acquisire sicurezza, liberarti dell'ansia e raggiungere, così, lo stato ottimale.

PARTE SECONDA

FUORI

GIORNO 4:

Come conquistare il palco

Come acquisire padronanza dell'ambiente

Siamo a circa metà del viaggio. Se ripensi al tuo percorso, ti accorgi che sei partito dalla parte più profonda di te e hai conosciuto alcuni aspetti della tua personalità che, probabilmente, per diverse ragioni, avevi tralasciato. Ti accorgerai anche che davanti a te si apriranno improvvisamente nuove strade perché, liberando quelle parti nascoste, liberi energia e, di conseguenza, il tuo comportamento si arricchisce di nuove possibilità di scelta. Ora sei pronto per indirizzare quest'energia verso l'esterno. Hai finalmente le risorse che ti permetteranno di salire sul tuo palco e... conquistarlo!

"Conquistare il palco" vuol dire diventarne il padrone, conoscerlo nei dettagli per essere in grado di utilizzarlo efficacemente. Conquistare il palco (inteso come qualunque luogo in cui comunichi) diventa anche una necessità quando, ad esempio, devi utilizzare una sala per fare formazione; infatti quella stanza diventerà per qualche giorno il *rifugio* del gruppo e, in esso, i partecipanti dovranno sentirsi il più possibile a casa loro. Il pubblico che viene ad ascoltarti deve percepirti come il *padrone di casa* e questa sensazione la trasmetterai solamente se di quella casa hai la perfetta conoscenza. Recati, dunque, se è possibile, qualche giorno prima nella sala dove dovrai parlare, per conoscerla e controllare ogni oggetto presente in essa e le sue caratteristiche. Ecco i consigli:

Familiarizza con la stanza. Cammina tra le sedie, lungo i corridoi, simula i movimenti che faresti in presenza del pubblico. Osservane i colori, le forme, gli spazi. Fai come se fosse una stanza di casa tua o del tuo studio privato.

Controlla interruttori, finestre ecc. Immagina di dover spegnere le luci, ad esempio per proiettare un filmato, e di renderti conto di non sapere dove sono gli interruttori, le prese di corrente, dove si chiudono le tende e così via. Quanto tempo perderesti? Quanto calerebbe l'attenzione del pubblico? Controlla, dunque, tutti gli interruttori, le tende e ciò che potrebbe essere utilizzato o modificato durante l'intervento.

Controlla gli strumenti tecnici. Funziona tutto? C'è il microfono? Il filo è troppo corto? C'è un tecnico all'occorrenza? Valuta anche l'opportunità di avere nella tua valigetta eventuali prolunghe, ciabatte, prese multiple e via dicendo, poiché non è escluso che debba essere tu stesso il tecnico! (A proposito, questo è un esempio di flessibilità).

Elimina oggetti che distraggono. Ammettiamo che dietro di te ci sia un quadro raffigurante un nudo... Chi pensi che guarderà con maggior attenzione il pubblico: te o il quadro? Ricordati che il protagonista sei tu.

Ordina gli appunti e il materiale. Tutto deve essere ordinato e disposto in sequenza sulla scrivania esattamente nell'ordine in cui va consultato o presentato, per non rischiare imbarazzanti vuoti per la ricerca. Tra gli oggetti è bene includere un **orologio** per controllare i tuoi tempi. Se ti è possibile, puoi lasciare il materiale già disposto nella sala il giorno prima, in modo da non dovertelo caricare nuovamente.

Fornisci le informazioni di servizio. È necessario acquisire notizie sull'ubicazione dei servizi; informarsi dove sono i bagni, se c'è un bar, un ristorante. Sì, perché specialmente quando si fa formazione, sono cose che il pubblico si chiede e tu devi essere in grado di rispondere per non lasciare i partecipanti con il dubbio durante il tuo intervento. Spesso le persone si perdono il meglio di un discorso perché il loro inconscio si chiede continuamente dove è il bagno o dove andare a mangiare! Ti consiglio anche di predisporre un tavolino in fondo alla sala con bottiglie d'acqua e bicchieri.

Conosci il pubblico. Acquisire in precedenza notizie su di esso è fondamentale, perché puoi programmare e prevedere alcuni momenti particolari o adattare una parte dell'intervento alle caratteristiche che hai rilevato. Ammettiamo che tu debba parlare a un gruppo di dipendenti pubblici; è buona regola acquisire notizie sulla loro amministrazione di appartenenza; sui loro vertici; sulla loro organizzazione; su eventuali problemi e così via. In alternativa, se possibile, intrattieniti con essi per qualche secondo, man mano che entrano nell'aula.

SEGRETO n. 22: per acquisire padronanza dell'ambiente:

1. **familiarizza con la stanza;**

2. **controlla interruttori, finestre ecc.;**

3. **controlla gli strumenti tecnici;**

4. **elimina oggetti che distraggono;**

5. **ordina gli appunti e il materiale;**

6. **fornisci le informazioni di servizio;**

7. **conosci il pubblico.**

E adesso vediamo con chi abbiamo a che fare nella nostra comunicazione!

Come interagire con il gruppo

Qualunque sia la situazione in cui devi parlare, vi sono alcune regole universali che riguardano il pubblico inteso come gruppo. Mi piace pensare al gruppo come a una massa multiforme, una specie di *blob* che si trasforma continuamente e che io ho il compito di tenere a bada per tutto l'intervento, evitando che si incanali o disperda in traiettorie imprevedibili. Le caratteristiche principali del gruppo sono:

Emotività eccessiva e instabile. Qualsiasi sentimento o emozione provi una persona, all'interno del gruppo viene amplificata e trasmessa con velocità e intensità impensabili. Un mio amico commercialista, che nella vita e nel lavoro è sempre calmo, pacato e calcolatore, un giorno mi chiese di accompagnarlo a una partita di calcio di serie C a cui teneva molto.

Ebbene, ti dico solo che dopo circa venti minuti era diventato irriconoscibile: completamente invasato, urlava, faceva i cori e si dimenava sulle gradinate peggio di come avrebbe fatto un *ultrà*! Si comportava esattamente come la maggior parte dei tifosi presenti. E ti confesso che anch'io stavo per farmi prendere da quell'entusiasmo appassionato ed eccessivo, nonostante non sia un tifoso di calcio.

All'interno del gruppo le persone perdono in parte il controllo e si lasciano trasportare dalla maggioranza. Il gruppo protegge i suoi appartenenti e così capita che persone di carattere apparentemente pacifico e remissivo, all'interno di esso, si lascino andare a sfoghi e comportamenti non immaginabili in situazioni normali. Nelle prossime pagine imparerai a contenere e controllare questa instabilità.

Attenzione vacillante. Nel gruppo ci si distrae facilmente. Pensa per un attimo a quando eri a scuola: quanta attenzione prestavi al professore e alla sua materia? Quanta, invece, alla tua compagna/o di banco? In una situazione di gruppo, a prescindere dall'età, si tende a ritornare bambini, irrazionali e giocherelloni; ecco perché, spesso, alcuni concetti vengono meglio assorbiti se, ad esempio, inoculati sotto forma di gioco. Inoltre, devi tenere presente che la soglia di attenzione si abbassa naturalmente già dopo circa quindici minuti di ascolto continuo.

Bisogno di semplicità. La semplicità previene gli sbalzi emotivi ed evita che le persone vadano in *trance*. Abbiamo appena detto che la soglia di attenzione di qualsiasi persona, specie nel caso di interventi lunghi, è molto bassa. È bene, allora, che tu fornisca concetti brevi e formulati in maniera semplice. Ricorda che solo il 7 per cento del linguaggio verbale viene effettivamente percepito, e che le persone assimilano fino a una soglia di 7+/−2 concetti alla volta. Quindi, quando devi fornire informazioni altamente complesse è necessario che tu le divida in piccoli blocchi e le esponga prevedendo delle pause adeguate. Il tutto, naturalmente, deve essere calibrato sul tipo di pubblico presente e sulle sue caratteristiche specifiche.

Il pubblico pensa a se stesso. Questo concetto può sembrare molto crudo, ma per te è una preziosa informazione. Voglio dire che non devi mai cercare nel pubblico complicità gratuita o pietà. In molti casi è già tanto se sta lì ad ascoltarti. Spesso ha pagato, quindi pretende molto da te e non vuole essere deluso. Non si tratta di cattiveria ma di legittime aspettative. La tua abilità nel conquistarlo deriva dal fatto di essere emotivamente indipendente da esso e, quindi, libero di agire secondo gli obiettivi che hai deciso, attraverso le strategie e le tecniche che stai imparando.

Il pubblico ricorda maggiormente:
- le cose dette all'inizio;
- le cose dette alla fine;
- le cose ripetute;
- le cose fuori dagli schemi (strane, bizzarre, esagerate, sorprendenti, emotivamente coinvolgenti).

Questo è un dato tecnico utilissimo che non ha bisogno di ulteriori spiegazioni e ti fornisce un'informazione precisa su come programmare i concetti che ritieni più utile far ricordare.

SEGRETO n. 23: le caratteristiche del gruppo sono:
1. **emotività eccessiva e instabile;**
2. **attenzione vacillante;**
3. **bisogno di semplicità;**
4. **il pubblico pensa a se stesso;**
5. **il pubblico ricorda maggiormente le cose dette all'inizio; le cose dette alla fine; le cose ripetute; le cose fuori dagli schemi (strane, bizzarre, esagerate, sorprendenti, emotivamente coinvolgenti ecc.).**

E adesso che sai com'è fatto il pubblico, vediamo (finalmente!) come affrontarlo.

Come affrontare il pubblico

Qualunque sia il tipo di presentazione, esistono sempre tre momenti essenziali e imprescindibili: l'inizio, la parte centrale e il finale. Si tratta di tre fasi con specifiche peculiarità che trovo più utile ridefinire con le azioni che vanno ad esse associate, ovvero:

SORPRENDERE - INTERESSARE - SCOLPIRE.

Da questi tre verbi dovresti aver già intuito come potrebbe essere la sequenza del tuo discorso. Ricordi la Time-line che ti ho mostrato nella sezione dedicata alla struttura del discorso? Ebbene, i primissimi minuti devono essere dedicati alla costruzione del tuo ingresso; saranno il tuo "biglietto da visita". Se vuoi *comunicare emozionando* sappi che la prima emozione da trasmettere è la **sorpresa**.

L'inizio è un momento fondamentale nel quale il pubblico si forma la prima impressione di te. Conosci il detto: «non avrai mai una seconda occasione per fare una buona prima impressione»? La logica ti suggerisce che è vero e, ti posso assicurare, l'esperienza anche. Vediamo, allora, passo passo, cosa devi fare per iniziare il tuo intervento con successo.

Come comportarsi nei primi cinque minuti

Ammettiamo che tu debba parlare di fronte a una platea di 500 persone, che è una delle situazioni che fanno più paura. Se ne hai avuto la possibilità, sei già andato a vedere la sala e hai attuato, per quanto possibile, i suggerimenti che ti ho fornito nel paragrafo nel quale ti ho parlato di come "conquistare il palco". Se non lo hai fatto, cerca di ottenere qualche notizia, magari telefonando all'organizzatore oppure recandoti sul posto qualche ora prima.

Entra in stato

Ora sei dietro le quinte e sul palco c'è il presentatore che sta per annunciare il tuo ingresso. Comincia con una respirazione potenziante e, se ti senti troppo ansioso, fai l'esercizio della sfera, possibilmente in un posto appartato (anche per non farti prendere per matto!). Conoscendo il posto, poi, hai la possibilità di eseguire la visualizzazione riportata nell'esercizio delle pagine precedenti, adatto per scacciare l'ansia in pochi secondi e da utilizzare in situazioni d'emergenza; vedrai che ti sarà utilissima per acquisire ulteriore padronanza.

Adesso, in uno stato di concentrazione, richiama le tue convinzioni potenzianti attraverso le ancore che hai costruito appositamente per esse. A questo punto ti risulterà facilissimo entrare nello *stato del trainer*.

L'ingresso

È il momento. Se c'è, il presentatore ti ha annunciato e ti lascia il posto sul palco. Entra assumendo una posizione eretta, a petto in fuori (senza esagerare), con un passo moderatamente lento; devi essere a tuo agio. Metti in conto anche che non sempre il pubblico ti accoglie con un applauso. Dipende sempre da chi hai di fronte. Qualche volta il pubblico è in silenzio; altre volte è distratto e non sa neanche che sei arrivato. Tutto questo non deve preoccuparti minimamente perché nelle prossime pagine apprenderai come determinare il corso degli eventi!

SORPRENDERE

Torniamo alla situazione ipotizzata. Sei davanti al pubblico e devi cominciare a parlare. Ti dico subito cosa *non* devi fare:

Non scusarti. Se inizi richiamando l'attenzione sulla tua impreparazione o incapacità (anche se non è vero; anche se lo fai per modestia), il pubblico lo memorizzerà immediatamente e, anche se dovessi poi essere brillante, quel ricordo affiorerebbe comunque nelle menti dei partecipanti. Inoltre, potrebbe anche essere presa come un'offesa: il pubblico potrebbe pensare che per te non era sufficientemente degno di un'adeguata preparazione.

Evita frasi standard. Ricadresti immediatamente in un'atmosfera da comunità parrocchiale. Il tuo è un livello superiore, professionale. Iniziando con frasi come: «Sono molto contento di essere qui oggi» oppure: «Cercherò di essere breve» riproporresti uno stereotipo che il pubblico conosce bene per averlo già sentito mille volte; di conseguenza, non sorprenderesti; non comunicheresti nulla di nuovo o di personale e non attireresti l'attenzione del pubblico perché, ripeto, è solo una minestra riscaldata.

Non tossire. Molti pensano di richiamare l'attenzione tossendo e schiarendosi la voce davanti al microfono. Oltre che essere una prassi improduttiva, a mio avviso è anche piuttosto fastidiosa. È vero, infatti, che, a volte, così si riesce a richiamare l'attenzione, tuttavia, quell'attenzione sarà *ancorata* a un rumore poco piacevole e, quindi, disfunzionale per l'immagine dell'oratore. Cosa fare, dunque? Se non hai preparato nulla di particolare, ricorri alla semplicità. Puoi presentarti dicendo: «Buongiorno, sono... (nome e cognome)», per poi, immediatamente...

sorprendere!

A questo punto, che vuol dire esattamente "sorprendere"? Se ti metti per un momento nei panni del pubblico, capisci che questo si trova in una posizione di attesa, piatta, annoiata: è, in qualche modo, in *standby*; per cui se cominci subito a parlare dell'argomento oggetto del tuo intervento è difficile che ti ascolti con attenzione. Sorprendere, quindi, vuol dire fargli cambiare questo stato psico-fisico e dargli uno *scossone* per risvegliare i sensi e l'attenzione. Devi rompere lo schema.

SEGRETO n. 24: all'inizio devi SORPRENDERE.

Il modo migliore è **fargli fare qualcosa di fisico**. La cosa più semplice è chiedere un'alzata di mani. Ad esempio, puoi chiedere: «Quanti di voi hanno già sentito parlare di… (il tuo argomento)?» Mentre lo chiedi, alza tu stesso la mano e vedrai che ti seguiranno; o, ancora: «Quanti, invece, non ne sanno assolutamente nulla?» e così via. Puoi aggiungere anche una terza domanda strategica che coinvolga un po' tutti in maniera simpatica, come: «Quanti di voi desiderano triplicare lo stipendio?»

Questo modo di fare è molto coinvolgente e ti permette anche di acquisire informazioni preziose sul livello di conoscenza del pubblico circa la tua materia o quello che vuoi tu. Alcuni formatori fanno fare anche cose più bizzarre per uscire dagli schemi, come alzarsi in piedi e stiracchiarsi oppure stringere la mano al vicino; insomma, tutto dipende dal contesto e dalla tua creatività. Ricordati poi che quando il pubblico fa quello che tu gli suggerisci di fare percepisce inconsciamente che **il capo sei tu!**

SEGRETO n. 25: quando il pubblico fa quello che tu gli suggerisci di fare percepisce inconsciamente che il capo sei tu!

Se la situazione è più formale puoi anche catturare l'attenzione in altri modi:

- **Racconta un episodio che colpisce**. Tutti noi siamo sempre ben disposti ad ascoltare qualcosa che stimola la nostra immaginazione. Può trattarsi di un fatto personale o riferito a qualcun altro; l'importante è che lo racconti in modo da creare un po' di *suspense*. Non è neanche escluso che tu possa inventare o modificare un episodio se proprio non ti viene in mente nulla!

- **Fai una battuta spiritosa ma elegante**. Alcuni sono soliti raccontare barzellette o fare battute spiritose. Ritengo che la barzelletta sia quasi sempre fuori luogo. Al contrario, una battuta spiritosa ma elegante, inserita in un contesto favorevole, è un buon espediente; anche perché stimolare il buon umore risulta sempre vantaggioso.

- **Presenta dati importanti**. Anche in questo caso l'obiettivo è quello di stimolare l'interesse immediato, per cui si deve trattare di dati importanti, magari inaspettati o, addirittura, sconvolgenti. Se hai una slide puoi utilizzarla, ma non la spiegare subito. Voglio dire che all'inizio l'attenzione deve essere concentrata su di te, quindi lo spazio dedicato alla slide deve durare poco e deve servire solo a cambiare lo stato del pubblico. Il suo utilizzo effettivo può essere rimandato alla fase centrale, di cui ci occuperemo dopo.

- **Prometti di rivelare qualcosa al termine**. Qui puoi giocare sulla natura umana, che è sempre curiosa; per cui, se riesci a pungolare anche di poco l'inconscio del tuo pubblico, questo rimarrà sempre in sottile tensione e attesa finché non gli rivelerai ciò che hai promesso. Questo espediente è utilissimo anche per tenere desta l'attenzione durante tutto l'intervento.

- **Mostra o nascondi un oggetto**. Spesso utilizzo questo *trucco* in maniera teatrale, perché mostro un oggetto nascosto sotto un drappo; comincio a parlarne per un paio di minuti e, solo alla fine, lo mostro. Per il pubblico è una specie di giochetto a indovinare. Ad esempio, parlando a dei venditori, potresti tenere un prodotto nuovo nascosto sotto un drappo, appoggiato sulla scrivania. Senza dire cos'è potresti iniziare a illustrarne le caratteristiche innovative, per poi rivelarlo al momento giusto tirando via il drappo con un gesto da prestigiatore.

Tieni a mente che, anche in questo caso, deve trattarsi di uno, due minuti al massimo perché l'obiettivo non è quello di fare un quiz ma solo di stimolare l'attenzione del pubblico e rompere gli schemi.

SEGRETO n. 26: puoi sorprendere anche in altri modi:
1. **racconta un episodio che colpisce;**

2. **fai una battuta spiritosa ma elegante;**
3. **presenta dati importanti;**
4. **prometti di rivelare qualcosa al termine;**
5. **mostra o nascondi un oggetto.**

Catturato il pubblico, il passo successivo è quello di **illustrargli gli obiettivi e i vantaggi** di assistere al tuo intervento e, immediatamente dopo, di fornirgli le **informazioni di servizio**; in questo modo appagherai le aspettative di tutti coloro che, come ti ho accennato prima, pensano costantemente a salvaguardare il loro pranzo, che vorrebbero sapere dove è il bagno o dove possono andare a fumarsi una sigaretta.

RIEPILOGO DEL GIORNO 4:

- SEGRETO n. 22: per acquisire padronanza dell'ambiente:

  1. familiarizza con la stanza;

  2. controlla interruttori, finestre ecc.;

  3. controlla gli strumenti tecnici;

  4. elimina oggetti che distraggono;

  5. ordina gli appunti e il materiale;

  6. fornisci le informazioni di servizio;

  7. conosci il pubblico.

- SEGRETO n. 23: le caratteristiche del gruppo sono:

  1. emotività eccessiva e instabile;

  2. attenzione vacillante;

  3. bisogno di semplicità;

  4. il pubblico pensa a se stesso;

  5. il pubblico ricorda maggiormente le cose dette all'inizio; le cose dette alla fine; le cose ripetute; le cose fuori dagli schemi (strane, bizzarre, esagerate, sorprendenti, emotivamente coinvolgenti ecc.).

- SEGRETO n. 24: all'inizio devi SORPRENDERE.

- SEGRETO n. 25: quando il pubblico fa quello che tu gli suggerisci di fare percepisce inconsciamente che il capo sei tu!

- SEGRETO n. 26: puoi sorprendere anche in altri modi:

  1. racconta un episodio che colpisce;

  2. fai una battuta spiritosa ma elegante;

  3. presenta dati importanti;

  4. prometti di rivelare qualcosa al termine;

  5. mostra o nascondi un oggetto.

GIORNO 5:

Come creare sintonia
con il pubblico

In che modo stabilire rapport attraverso l'uso della calibrazione, del ricalco e della guida

Una volta ottenuta l'attenzione del tuo pubblico, lo devi **interessare**. Per far questo, devi creare **sintonia** con esso e mantenerla per tutta la durata del tuo intervento. Questa sintonia, in PNL, viene chiamata "rapport" e deve sussistere necessariamente prima di iniziare qualunque attività con un gruppo. È quel filo che ti lega a ciascun partecipante e che non deve essere mai reciso, né troppo allungato.

Quando c'è rapport, c'è armonia, equilibrio, comprensione, serenità, parità, rispetto, intimità e libertà. Il rapport può essere paragonato a una danza di coppia, dove l'uno segue i movimenti dell'altro e viceversa ed entrambi si muovono in armonia e sintonia, con il sorriso e senza sforzo.

A proposito, hai mai fatto caso a quelle coppie che riescono a danzare per ore e ore pur avendo i ballerini oltre settant'anni? Essi non si stancano perché i loro movimenti sono basati, appunto, sul rapport; esso crea una sorta di energia che li nutre entrambi e conferisce loro forza ed equilibrio. Il modello del rapport prevede tre momenti sequenziali e ciclici definiti *calibrazione, ricalco e guida.*

La **calibrazione** è un'attenta osservazione dell'altro, effettuata con tutti i sensi. È un atteggiamento di apertura totale a ricevere informazioni da chi ti sta di fronte. Non si tratta semplicemente di osservare una persona (o un gruppo) ma di percepire la realtà in un modo che va oltre la semplice attenzione. Si tratta di far caso a tutto ciò che riguarda il tuo interlocutore. Devi essere *interessato* a quella persona. L'attenta calibrazione ti permetterà di acquisire informazioni assolutamente impensabili.

Pensa, per esempio, a quello che succede nella fase dell'innamoramento, oppure nei momenti in cui si assiste un familiare. In questi casi, sembra che le nostre facoltà si espandano. Si osservano attentamente tanti particolari di una persona ai quali, nella quotidianità, non si bada. Quando hai l'obiettivo di conquistare una persona, infatti, diventi un vero e proprio "radar" sensibilissimo, e cominci a fare caso a tutto, ma proprio tutto ciò che riguarda la tua "preda". Ad esempio, gli abiti, il portamento, il profumo, la cura di sé, l'accento, il tono di voce, la velocità, il respiro; ma anche il movimento degli occhi, la postura, il colorito della pelle.

Insomma, tutta una serie di fattori di cui normalmente non ci si rende neanche conto perché scattano inconsciamente. Fino a oggi, magari, pensavi potessero essere prerogativa soltanto di Sherlock Holmes!

Ebbene, ora rendili coscienti e comincia a farli entrare nel tuo normale campo di osservazione. Ti assicuro che se da oggi decidi di cominciare seriamente a calibrare, in pochissimo tempo diventerai davvero come il noto investigatore; infatti la tua sensibilità aumenterà in maniera esponenziale e sarai in grado di percepire realtà e sensazioni sempre più allargate. Vedrai, udrai e avvertirai ciò che gli altri ritengono impossibile. Ti consiglio, per oggi, non appena avrai finito di leggere, di passare tutto il giorno a calibrare le persone che incontri, facendo anche caso ai cambiamenti di sensibilità che avvengono dentro di te.

Il **ricalco** è la ripetizione del modello percepito. Se hai calibrato adeguatamente, sei in grado di *immedesimarti* nel tuo interlocutore a tal punto da riuscire a **replicare** in maniera spontanea e naturale il suo schema comunicativo.

Il concetto che sta alla base del ricalco è che quando due (o più) persone sono in rapport, tendono a uniformare anche il loro comportamento (gesti, posture, espressioni del viso, ritmo della respirazione, ma anche parole, espressioni e così via). Con il ricalco puoi *anticipare* la sintonia che potrebbe nascere con il tuo interlocutore, riproducendo deliberatamente il suo modo di comunicare.

Il ricalco è la logica e naturale conseguenza della calibrazione. Nel libro di Jerry Richardson, *Introduzione alla PNL* (Alessio Roberti Editore), é descritta un'immagine del ricalco che adoro riproporre. Si dice, in sostanza, che ricalcare significa: «*...andare incontro all'altra persona nel punto in cui lui o lei si trova,* *riflettendo quello che lui o lei sa o presuppone sia vero, o accordarsi ad alcune parti dell'esperienza che lui o lei sta vivendo».* Il segreto, dunque, è trovare qualcosa che ci accomuna all'altra persona ed evidenziarlo riproducendolo. Se ti trovi a una festa, puoi notare come alcune persone che parlano in maniera serena ed equilibrata abbiano la stessa postura, lo stesso ritmo, la stessa espressione facciale e utilizzino termini verbali analoghi se non, addirittura, uguali.

Essi, in qualche modo, vivono la stessa esperienza o, meglio, vivono alcune parti dell'esperienza allo stesso modo. Se guardi, invece, due persone che discutono, troverai che le loro posture, i loro toni e le loro espressioni sono molto diverse. Tanto è vero che spesso, delle persone che sono in disaccordo, si dice che siano "due mondi differenti".

Il ricalco è uno strumento potentissimo per entrare in rapport e il suo corretto utilizzo ha delle regole, la prima delle quali, imprescindibile, è di **farlo precedere da una perfetta calibrazione**. Una volta che avrai calibrato, per ricalcare devi rispettare un timing preciso. Mi spiego meglio. Se hai intenzione di ricalcare una persona, non puoi semplicemente avvicinarti e metterti immediatamente nella sua stessa posizione, utilizzare le stesse parole come fossi un pappagallo, perché se ne accorgerebbe e si sentirebbe presa in giro.

Devi, invece, ricalcare ad arte, cominciando, innanzitutto, a individuare il suo **ritmo** e adattarti al suo respiro. Nota il movimento del petto mentre si alza e abbassa, oppure delle narici mentre si aprono e chiudono per capire quando inspira ed espira, perché quello sarà il suo ritmo. Avrai individuato il suo tempo fisiologico che sarà scandito da una sorta di metronomo interno. E così, il tuo primo passo sarà quello di sintonizzare il tuo tempo alla velocità di quel metronomo.

Se tra un respiro e l'altro passa un secondo, respira anche tu ogni secondo finché non avverti di esserti sintonizzato completamente su quella frequenza.

Poi, focalizzati gradualmente sulla posizione dell'altra persona e rispecchia la sua postura in maniera naturale. Fallo mentre stai parlando tu, in modo che risulti più naturale. Dopo aver ascoltato attivamente, rispecchia e riproponi nel tuo linguaggio anche alcuni termini chiave ed espressioni verbali da lei utilizzate, con il medesimo tono di voce. Tutto questo deve essere eseguito con estrema naturalezza, senza forzare né i tempi né i comportamenti.

È impressionante notare come, durante un ricalco ben eseguito, si riesca, a volte, addirittura a intuire ciò che il proprio interlocutore sta pensando! Anche in questo caso, il consiglio che ti do, non appena avrai terminato di leggere, è quello di dedicarti al ricalco per il resto della giornata. Dopodiché, praticalo per il resto della tua vita!! Ti consiglio non solo di esercitarti direttamente, ma anche di osservare le altre persone mentre comunicano tra loro e notare i cambiamenti nei loro modi di rapportarsi e di parlare. Fai caso a come si rispecchiano nei movimenti, nelle posture, nelle espressioni facciali, nei toni, nei termini quando sono in accordo tra loro e, viceversa, a come divergono quando sono in disaccordo.

La **guida** completa il percorso dell'interazione tra i soggetti. Una volta stabilito il rapport attraverso il ricalco, devi verificarlo continuamente. Un buon modo per farlo è quello di *guidare* la persona. In sostanza, devi provare a **modificare leggermente il tuo comportamento** e verificare se anche chi ti sta di fronte si comporta alla stesso modo, seguendoti. Devi, cioè, indurlo a un comportamento diverso. Se la sintonia è solida, il tuo interlocutore ti seguirà con estrema naturalezza. Se, invece, non ti segue, riprendi a calibrarlo attentamente, poi a ricalcarne il comportamento sino a quando non avrai stabilito il necessario rapport. Infine, prova nuovamente a guidare. Lo schema è riassunto nella figura sottostante

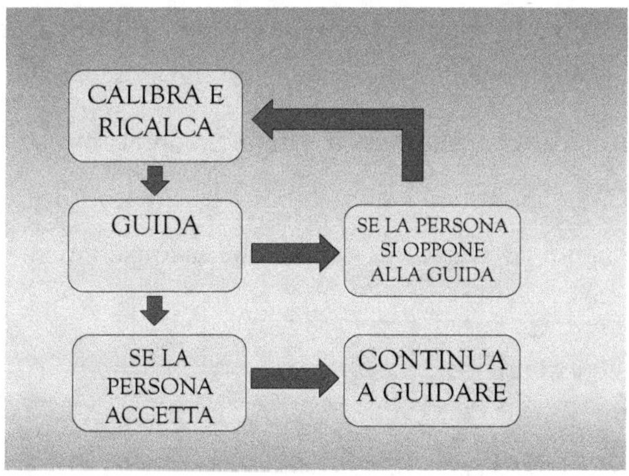

Quando padroneggerai anche la guida, ti renderai conto di avere

acquisito un'abilità così potente che ti sembrerà di avere addirittura dei "superpoteri"!

SEGRETO n. 27: lo schema del rapport prevede: calibrazione, ricalco e guida.

Vediamo, adesso, in quali altri modi è possibile raggiungere il rapport. Si tratta di modelli diversi ma che, alla base, presuppongono sempre una forma di ricalco.

Come sfruttare le domande inconsce del pubblico per creare rapport

Un altro modo per instaurare il rapport, soprattutto se ti trovi di fronte a un pubblico numeroso, è quello di rispondere anticipatamente ad alcune domande che inconsciamente questo si pone.

Tali domande sono:

1. cosa?
2. perché?
3. come?
4. e se?

Da uno studio sugli stili di apprendimento (effettuato da Bernice McCarthy) è emerso che le persone si dividono idealmente in quattro gruppi:

- alcune vogliono conoscere i fatti, il **cosa** («Cosa vuoi dire? Di cosa si tratta esattamente? Chi è?»);
- altre vogliono sapere, principalmente, le ragioni, il **perché** di una cosa («Come mai dici questo? Perché si fa così? Perché c'è questa conseguenza?»);
- altre, ancora, vogliono conoscerne il funzionamento, il **come** («Come si ottiene questo risultato? Quante fasi prevedi? Come intendi procedere?»);
- altre, infine, si chiedono le conseguenze future: **e se?** («E se facessi in quest'altro modo? E se poi succedesse questo?»).

Questo studio è confluito in un modello denominato "Sistema 4mat" (4MAT System) che permette di raggiungere tutte le categorie di persone semplicemente rispondendo alle domande latenti nella loro mente.

SEGRETO n. 28: per creare rapport rispondi alle domande inconsce del pubblico:

1. **cosa?**
2. **perché?**
3. **come?**
4. **e se?**

Il sistema va utilizzato partendo dall'inizio del tuo discorso. Per essere chiaro ti faccio un esempio. Ammettiamo che tu debba parlare del tuo nuovo libro intitolato *Il sistema X*.

Un semplicissimo e breve schema potrebbe essere il seguente:

(Cosa?) «Il sistema X *è il libro che cambierà la vostra vita. Si tratta di uno studio dei processi che regolano il nostro comportamento e le nostre relazioni.*»

(Perché?) «*Grazie alla comprensione dei principi in esso spiegati, sarete in grado, in brevissimo tempo, di creare immediatamente sintonia con i vostri familiari, i vostri amici e colleghi di lavoro; ecco perché ha già venduto così tante copie. La sua semplicità di linguaggio lo rende uno strumento immediato e alla portata di tutti coloro che hanno voglia di migliorare i loro rapporti umani.*»

(Come?) «*La sua consultazione è estremamente agevole, in quanto ogni capitolo è corredato da specifici esempi, semplicissimi esercizi e da riassunti alla fine di ogni paragrafo, in modo che i concetti rimangano ben impressi nella memoria e possano essere applicati immediatamente.*»

(E se?) «*Alcuni tra voi si chiederanno cosa fare se non ottengono i benefici promessi, oppure in che modo approfondire certi argomenti in caso di mancata comprensione. Ebbene, alla fine del libro troverete tutti i numeri necessari per contattarmi personalmente in modo da avere sempre un tutor pronto a soddisfare ogni vostra richiesta!*»

Come avrai notato, questo tipo di esposizione, oltre a essere strategica, è anche molto fluida e convincente; ecco perché è particolarmente indicata nei **discorsi improvvisati**, quando, cioè, sei poco preparato sul contenuto di un determinato argomento. Il trucco, dunque, diventa quello di approfondire la *struttura* del discorso e non il contenuto. Scoprirai che il pubblico rimarrà ugualmente convinto e piacevolmente appagato da quello che dici!

Ricordo di aver dovuto parlare, non molto tempo fa, a un gruppo di funzionari, alcuni dei quali legati al Ministero delle politiche agricole. Io ero lì come rappresentante del Sistan (Sistema Statistico Nazionale) e dovevo presentare e commentare alcuni dati statistici locali relativi all'età media dei residenti. Dunque gli argomenti erano definiti con precisione e io mi sentivo tranquillo della mia relazione basata essenzialmente sui numeri.

Per qualche inaspettato motivo il discorso è scivolato sul *Parmigiano Reggiano*, argomento a me completamente sconosciuto; è il caso di dire che ne fossi *digiuno*! Nonostante ciò il cerimoniale prevedeva che proseguissi ugualmente su quel discorso; tra l'altro dovevo anche riuscire a essere convincente, in quanto avevo intuito che il nuovo (e improvviso) **obiettivo** al quale dovevo conformarmi era quello di **valorizzare i prodotti italiani**. Fu un'occasione d'oro per sperimentare la potenza del Sistema 4mat, naturalmente arricchito dalle altre strategie che ho già esposto in questo ebook.

Di seguito ti faccio uno schema brevissimo di quello che dissi. Propongo solo alcune frasi di ciò che, di fatto, esposi in forma più lunga e corposa. Serve solo per darti un'idea di come sfruttai il Sistema 4mat:

1) **COSA.** *«Il Parmigiano, ovvero un prodotto che occupa un posto stabile nella dieta di tutte le famiglie italiane; che vanta una tradizione centenaria; che non ha mai tradito il gusto di tutti noi...».* In sostanza feci un elenco di tutto ciò che rappresenta, secondo me, il Parmigiano.

2) **PERCHÉ.** *«Il valore di una nazione si percepisce anche attraverso i prodotti che offre. E il Parmigiano è un prodotto italiano; è un prodotto che ci fa sentire orgogliosi di appartenere a questa terra; perché la terra rappresenta la madre e noi siamo i suoi figli...».* Con le mie parole, ho richiamato una serie di immagini emotivamente forti, con contenuto meramente evocativo.

3) **COME.** *«Non essendo del settore, non posso sapere in che modo un prodotto come il Parmigiano possa aver ottenuto un tale successo; anche se la stessa pubblicità ci mostra come vengono conservate le forme e ci suggerisce le modalità attraverso le quali*

con attenzione, costanza e, oserei dire, passione si tengono sotto controllo i prodotti; essi vengono accuratamente protetti per garantirne la qualità...». Nel caso del "come" ho fatto appello all'unico dato in mio possesso in quel momento: la pubblicità che ricordavo di aver visto in Tv, e l'ho proposto.

4) **E SE?** *«E se ci fosse tra voi chi si chiede cosa succederebbe se venisse a mancare quest'attenzione, oppure se comparisse improvvisamente un nuovo prodotto, magari straniero, dalle stesse caratteristiche, risponderei che può stare tranquillo; sì, perché nel nostro Parmigiano esiste un ingrediente segreto, tutto italiano: l'amore!»* In quest'ultimo caso ho veramente improvvisato, facendo leva sull'orgoglio nazionale e sui sentimenti.

Come avrai certamente notato, anche in questo caso, ancora una volta, non ho detto praticamente nulla! Nulla di tecnico; nulla di giuridico; nulla di verificabile: nessun contenuto. Ho solo creato una struttura utilizzando termini generici e indefiniti; immagini comuni ed espressioni talvolta emotivamente coinvolgenti.

Eppure le persone hanno ascoltato con interesse perché ciò che le ha coinvolte sono state proprio le frasi generiche; i richiami emozionali; il linguaggio ricco di vocaboli ed espressioni non confutabili. Ho usato espressioni con le quali non si può che trovarsi d'accordo (nel linguaggio ipnotico vengono definite "truismi"; dall'inglese "true"= vero) che, come avrai già intuito, non sono altro che ricalchi.

SEGRETO n. 29: nei discorsi improvvisati utilizza il Sistema 4mat.

Per esercizio, prova a improvvisare una serie di discorsi su argomenti dei quali sai poco o nulla, utilizzando il Sistema 4mat e, se ne hai l'occasione, fatti dare un feedback.

Come utilizzare un linguaggio che stimoli e coinvolga

Un'ulteriore strategia per instaurare e mantenere il rapport è quella di utilizzare un **linguaggio VAK**, ovvero un linguaggio che includa *predicati* visivi, uditivi e cenestesici. Ecco di cosa si tratta. Tutti noi percepiamo la realtà attraverso i cinque sensi: vista, udito, tatto, olfatto, gusto. Ciascun individuo, singolarmente, è portato a prediligere uno di questi canali, che in PNL vengono definiti come "sistemi rappresentazionali" e che abbrevieremo come segue:

- V (sistema visivo = vista);
- A (sistema auditivo = udito);
- K (sistema cenestesico = tatto, olfatto, gusto).

Per fare alcuni esempi, ci sono persone che, per apprezzare una cosa, vogliono "vederla"; altre che scelgono di "ascoltarne" il suono; altre ancora che preferiscono "toccarla". E così, ancora, alcuni uomini (e donne) sono attratti dagli occhi di una persona; altri dalla voce e altri ancora dalla pelle. Gli esempi possono essere infiniti.

È bene anche specificare che "sistema prevalente" non vuol dire "esclusivo", per cui non è vero in assoluto che una persona si basi sempre e solo sulla vista, sull'udito o sulle sensazioni nel percepire il mondo esterno. Vuol dire solo che esiste una preferenza inconscia di ogni persona per un dato canale piuttosto che per un altro. Ma questa preferenza può anche variare in base al contesto.

Qui ci interessa sapere che nel momento in cui una persona viene stimolata da parole che le evocano il proprio sistema rappresentazionale prevalente, è portata a un maggior coinvolgimento; ecco perché è importante utilizzare, nel tuo parlato, termini che comprendano e coinvolgano tutti e tre i canali V, A, e K; in questo modo tutte le persone a cui parli saranno stimolate inconsciamente ad ascoltare quello che dici; si sentiranno, in qualche modo, simili a te e sarai in grado di attirarle.

L'ascolto attento (calibrazione) del linguaggio delle persone rappresenta un ottimo metodo per acquisire informazioni sul sistema rappresentazionale prevalente di esse.

Di seguito, ti riporto una tabella con una serie di cosiddetti *predicati sensoriali*, generalmente utilizzati all'interno di frasi di uso comune.

VISIVI	AUDITIVI	CENESTETICI
Vedere	Udire	Sentire
Osservare	Ascoltare	Toccare
Sembrare	Dire	Afferrare
Appare	Suona	Stimola
Immagina	Rumore	Scossa
Mostrare	Descrivere	Impressionare
Offuscato	Muto	Triste
Punto di vista	Ad alta voce	Puzza sotto il naso
Evidente	Per così dire	Doloroso
Scenata	Fare appello a	Irritante
Occhiata	Inaudito	Mi solletica
Sbirciatina	Già sentito	Tenuto in sospeso
Illustrare	Spiegare	Scuotere
Come la vedo	Esprimersi	Rimuginare
È lo specchio di	Qualcosa mi dice	Non mi colpisce

Comincia a far caso alle parole utilizzate dai tuoi interlocutori. Nota quali predicati sono maggiormente ripetuti nei loro discorsi. Fai lo stesso lavoro anche su di te, cogliendo i predicati che utilizzi nel tuo linguaggio di tutti i giorni; potresti renderti conto del fatto che non riesci a entrare in rapport con tuo figlio perché lui si esprime maggiormente per *immagini,* mentre tu per *sensazioni.*

Lui vorrebbe farti *vedere* quanto sono belle quelle ciliege, così *rosse,* perché vuole mangiarsele, mentre tu gli rispondi che le ciliege a quest'ora sono *pesanti* e fanno venire il *mal di pancia.* Capisci dove si inceppa lo schema? Faresti meglio a dire che tutte quelle ciliege *rosse* sono davvero *belle* ma se le mangi al *buio della sera* ti fanno *vedere le stelle* per il dolore; oppure, potresti dire che la sua pancia diventerebbe tutta *rossa* e per una settimana non potrebbe più *vedere* le ciliege.

SEGRETO n. 30: utilizza un linguaggio V A K per coinvolgere e interessare a ciò che dici tutti coloro cui parli.

Come utilizzare efficacemente l'azione di ritorno (feedback)
Come già accennato, il rapport deve essere continuamente verificato. I segnali li riceviamo e li trasmettiamo attraverso l'azione di ritorno o "feedback". Il feedback trasmette un'informazione riferita all'azione del soggetto trasmittente e verifica, in sostanza, la qualità del rapporto; infatti, attraverso

l'analisi di esso, il trasmittente può rendersi conto se il suo messaggio è arrivato e se ha raggiunto l'effetto desiderato.

Ne consegue che, mentre parli, devi lasciare liberi tutti i canali per percepire le reazioni del pubblico e adattare, eventualmente, il tuo comportamento successivo ad esso.

In particolare, il feedback:

• va percepito e restituito con tutti i sensi;

• va restituito immediatamente.

Esso, quindi, diventa **l'informazione su cui basare il messaggio successivo, e così via, in maniera ciclica**. Proprio questa ciclicità inverte continuamente i ruoli di trasmittente e ricevente, per cui il feedback diventa come una palla da tennis che viene intercettata e rimandata da entrambi i giocatori.

SEGRETO n. 31: utilizza l'azione di ritorno o "feedback" come un'informazione su cui basare il messaggio successivo.

Un buon rapporto comunicativo è destinato ad avere lunga durata quando l'azione di ritorno è positiva, in altre parole, quando c'è rapport. Ora, mentre in una comunicazione a due è più semplice mantenere il rapport, in un gruppo è più difficile, perché è complesso calibrare continuamente un numero elevato di persone. Allora il trucco per ottenere un'azione di ritorno positiva sta nel **trasmettere continuamente segnali di rapport**.

I metodi li abbiamo già visti poco fa, parlando del ricalco, del Sistema 4mat e del linguaggio VAK. A queste strategie va aggiunto un elegante utilizzo dell'azione di ritorno, attraverso il **rafforzamento** dei segnali positivi. Questo è particolarmente utile nell'ipotesi di lavori di gruppo, caso in cui è necessario instaurare un rapporto di collaborazione e scambio anche quando non tutti i partecipanti sono allo stesso livello.

Pensa, ad esempio, a una situazione di tipo didattico, nella quale devi verificare se tutti sono in grado di applicare ciò che hai spiegato. Potresti accorgerti che alcuni si trovano indietro e questo procura loro ansia e senso di inferiorità. Per agevolare queste persone devi portare la comunicazione in un contesto di parità e il tuo feedback deve essere tale da sottolineare i loro comportamenti positivi dando una specifica spiegazione.

Esempio di schema di feedback: «*Bene, in questa parte iniziale dell'esercizio hai rispettato perfettamente il modello che ti ho spiegato. Vedete?* (Rivolto all'uditorio) *lui ha compreso perfettamente che il principio "X" genera questo risultato...*». «*Eccellente. Prova adesso a modificare la seconda parte in questo modo...*».

Il tuo compito è di esaminare ciò che può essere migliorato successivamente (oppure presentato diversamente) per essere più efficace. In questo modo, anche chi si trova in difficoltà si sente apprezzato, e continua a mantenere l'attenzione e l'integrazione nel gruppo.

SEGRETO n. 32: trasmetti continuamente segnali di rapport.

Come utilizzare i diversivi per mantenere alta l'attenzione
Come già accennato nella sezione "Come strutturare un discorso", se fai formazione o se devi parlare a lungo, puoi incorrere in normali cali di attenzione. Devi evitare di rendere piatto e monotono il tuo intervento e questo è possibile sfruttando il principio della varietà, attraverso l'uso di **diversivi**.

Naturalmente, sarai tu a valutare quale diversivo sia meglio adottare per la tua presentazione, in rapporto alla tua personalità. In ogni caso, vi sono dei diversivi standard a cui puoi fare riferimento:

Gioco

Come ti ho già spiegato, il gioco è sempre ben visto all'interno di un gruppo perché tende a far tornare bambini, suscita buon umore e crea un clima di allegra unione tra le persone. Inoltre, sappiamo bene che l'attività ludica impegna maggiormente l'emisfero destro del cervello che, in questo modo, riesce a immagazzinare più facilmente concetti anche molto complessi.

Pause

Le pause sono necessarie, soprattutto nella formazione. Conviene farne diverse, di breve durata. Se inizi la mattina, puoi prevedere la prima pausa anche dopo circa un'ora e mezza, facendola durare non più di quindici minuti; le successive possono seguire ogni quarantacinque minuti al massimo e durare tra i cinque e i dieci minuti. Durante la pausa le persone hanno l'opportunità non solo di rilassarsi ma anche di fare amicizia, discutere di quanto hai appena esposto loro e così via.

Esercizi singoli e di gruppo

Gli esercizi sono ciò che, in genere, fa la differenza tra frequentare un corso e leggere un libro. Puoi far sperimentare al pubblico, direttamente e immediatamente, ciò che hai appena spiegato. Sono una prova di verità e, contemporaneamente, l'occasione per consolidare la fiducia che il pubblico ha in te. È l'occasione per far provare delle emozioni ai partecipanti al tuo corso, per cui ti conviene scegliere con cura gli esercizi che vuoi far svolgere loro. Infine, il bello degli esercizi è che vengono considerati alla stregua di un gioco.

Se, per esempio, hai spiegato a un gruppo il concetto di rapport, puoi proporre ai presenti di dividersi in coppie e, partendo da un discorso qualsiasi, cominciare a ricalcarsi, finché non sentono di aver raggiunto una sintonia solida; poi uno dei due comincia a guidare l'altro.

Supporti Audio-Video

Abbiamo già accennato all'utilizzo dei supporti Audio-Video.

Essi conferiscono varietà alla presentazione per cui rientrano nel più ampio concetto di flessibilità. Se all'interno della tua presentazione sai di dover utilizzare il proiettore in maniera discontinua, evita di accenderlo e spegnerlo continuamente (rovinando così la lampada); ti conviene, invece, lasciarlo acceso per tutto il tempo e oscurare la proiezione usando i tasti B o N del PC se stai usando PowerPoint.

Una buona regola è poi quella di utilizzare sia il proiettore che la lavagna, o più lavagne, a fogli mobili piazzandoli ai lati opposti della stanza. Puoi decidere di assegnare a ciascun supporto la spiegazione di un certo tipo di concetto, utilizzando le "ancore spaziali". Ad esempio, potresti decidere di utilizzare la lavagna di sinistra per scrivere numeri, la lavagna di destra per indicare le parole chiave e il proiettore, al centro, per le foto e i filmati. Questo conferisce varietà ma anche ordine all'ambiente dal quale parli al tuo pubblico.

Ospiti
Introdurre degli ospiti che possano occupare una parte del tuo tempo è un ottimo diversivo. Certe volte un'altra persona può

essere più brava di noi a spiegare taluni argomenti, per cui è bene offrire al nostro pubblico il privilegio della varietà. Qualche altra volta può trattarsi di un VIP o di un esperto; insomma, le possibilità sono infinite e ti danno la facoltà di arricchire sostanziosamente il tuo intervento.

Introdurre oggetti. Sorprendere

Non c'è bisogno di aggiungere molto; più sorprendi il tuo pubblico, più mostrerà attenzione. Introdurre un oggetto inaspettato o fare qualcosa che rompa lo schema produce sempre l'effetto di catturare l'attenzione.

Cambiare l'assetto della stanza

Anche questo, specialmente se fatto a sorpresa, genera reazioni positive, stimola l'interesse e le aspettative e, non ultimo, suggerisce, ancora una volta, che il *capo* sei tu! Riassumendo, se alterni momenti di ascolto puro a diversivi otterrai un'attenzione costante perché avrai generato continuamente stimoli diversi e coinvolgenti. A seconda del tipo di argomento che hai esposto, soprattutto se fai formazione, potrebbe essere interessante far fare una **prova finale** al tuo pubblico, non sotto forma di esame ma di riscontro delle nuove capacità acquisite.

SEGRETO n. 33: se alterni momenti di ascolto puro a diversivi otterrai un'attenzione costante perché avrai generato continuamente stimoli diversi e coinvolgenti.

RIEPILOGO DEL GIORNO 5:

- SEGRETO n. 27: lo schema del rapport prevede: calibrazione, ricalco e guida.

- SEGRETO n. 28: per creare rapport rispondi alle domande inconsce del pubblico:

    1. cosa?

    2. perché?

    3. come?

    4. e se?

- SEGRETO n. 29: nei discorsi improvvisati utilizza il Sistema 4mat.

- SEGRETO n. 30: utilizza un linguaggio V A K per coinvolgere e interessare a ciò che dici tutti coloro cui parli.

- SEGRETO n. 31: utilizza l'azione di ritorno o "feedback" come un'informazione su cui basare il messaggio successivo.

- SEGRETO n. 32: trasmetti continuamente segnali di rapport.

- SEGRETO n. 33: se alterni momenti di ascolto puro a diversivi otterrai un'attenzione costante perché avrai generato continuamente stimoli diversi e coinvolgenti.

GIORNO 6:
Come riuscire a trasmettere
il meglio di te

Come trasmettere carisma attraverso la flessibilità

Ed eccoci arrivati alla parte più tecnica del nostro percorso. Hai raggiunto un livello di profonda conoscenza delle dinamiche che agiscono nel cervello, per cui proseguire in questo cammino ti risulterà particolarmente divertente.

Con il termine "flessibilità" intendo quell'insieme di risorse che ti permettono di articolare le tue presentazioni, includendo tutto ciò che hai appreso finora e ciò che c'è ancora da sapere, facendo trasparire il meglio di te. La sensazione che lascerai nel pubblico ha un nome ben preciso: **carisma**. Il carisma non è altro che l'impressione di te stesso che trasmetti agli altri e, grazie alle strategie incluse in questo capitolo, imparerai a costruire deliberatamente la tua migliore impressione.

Attraverso la flessibilità, inoltre, sarai in grado di superare gli ostacoli che puoi trovare durante la tua comunicazione, in qualunque situazione. In parte, questo concetto include già le regole del rapport.

Dunque, in questa sessione avrai l'opportunità di scoprire quali sono gli artifici che ti permettono di essere più incisivo, convincente e carismatico. Qui l'attenzione verrà focalizzata non tanto su quello che dici ma su *come* lo dici. Per comprendere l'importanza di questo *come,* ti riassumo di seguito, molto brevemente, il risultato di uno studio dello psicologo statunitense Albert Mehrabian, contenuto nel volume *Nonverbal Communication.*

Quando si parla a un pubblico, quest'ultimo divide la sua attenzione, in percentuale, nel modo seguente:

Il **7 per cento** dell'attenzione è prestata a **cosa** viene detto: le parole; il linguaggio verbale puro e semplice.

Il **38 per cento** a **come** viene detto: il tono, il volume, il ritmo, le pause, l'accento (si tratta del linguaggio "paraverbale").

Il **55 per cento** al **linguaggio del corpo**: postura, prossemica (vicinanza rispetto all'interlocutore), gesti ecc.; tutto ciò che non viene detto direttamente ma comunicato attraverso il modo di stare sul palco (è il linguaggio "non verbale").

Capisci, allora, per quale motivo, la tua attenzione debba essere focalizzata sul **modo** in cui trasmetti i concetti verbali? È, appunto, quel 93 per cento di *para* e *non verbale* che suscita emozioni nel pubblico.

SEGRETO n. 34: l'attenzione del pubblico è così suddivisa:
- **il 7 per cento al linguaggio *verbale*;**
- **il 38 per cento al linguaggio *paraverbale*;**
- **il 55 per cento al linguaggio *non verbale*.**

Come utilizzare in maniera congruente gli occhi, la voce e il corpo

I tuoi occhi, la tua voce e il tuo corpo sono gli strumenti di cui disponi naturalmente per comunicare e che bastano da soli, se sapientemente utilizzati, a creare nel pubblico tutte le emozioni che vuoi. Con essi puoi far ridere, piangere, innamorare o anche infuriare chi ti sta di fronte; dipende solo dal tuo obiettivo.

Il segreto nell'utilizzo di questi strumenti si chiama "congruenza". Congruenza vuol dire coerenza tra ciò che dici, come lo dici e ciò che mostri, con la tua postura, mentre lo dici. Hai mai visto persone che mentre ti dicono "sì" scuotono la testa trasmettendo l'esatto contrario? È un classico esempio di incongruenza. Come reagisci di fronte a un messaggio trasmesso in questo modo? Sicuramente percepisci incertezza, dubbio, fragilità, precarietà, quindi sarai portato a non credere a ciò che senti.

La congruenza, invece, trasmette sicurezza e autorevolezza. Immagina un raggio laser; tutta la luce viene convogliata verso un unico puntino: l'obiettivo. Bene, la congruenza è un laser. Se comunichi in maniera congruente, i tuoi messaggi verranno percepiti come un imperativo indiscutibile. Diventerai uno *di cui ci si può fidare ciecamente*! Ti sembra poco? Osserva attentamente i grandi oratori e scoprirai che fanno esattamente tutto ciò che sto per illustrarti.

OCCHI. Cominciamo con lo strumento più noto. Si dice che gli occhi siano lo specchio dell'anima, che gli occhi non possono fingere; e in parte è vero. Siamo abituati, per cultura, a prediligere gli occhi per dare un significato alla nostra comunicazione. Anche se questo ebook ti insegna a sfruttare nella stessa maniera e con la stessa efficacia tutte le risorse e, quindi, a trattare lo sguardo come una di esse, non necessariamente la principale, dobbiamo tener presente che il pubblico si aspetta molto proprio dallo sguardo. Ecco perché devi assimilare alla perfezione i consigli che seguono, soprattutto se pratichi la comunicazione in pubblico.

Non leggere. È l'errore più grave che si possa fare; a parte quando è specificamente richiesto. Si tratta di un errore, in quanto se non guardi il pubblico, non lo puoi calibrare e quindi diventa difficilissimo instaurare rapport. Il pubblico non guardato, inoltre, si sente escluso e si distrae immediatamente.

Guarda tutti. Sembra banale, eppure, molte persone che parlano in pubblico rivolgono il loro sguardo sempre verso lo stesso punto; così ottengono di snervare lo spettatore costantemente "inchiodato" dallo sguardo dell'oratore e, contemporaneamente, di annoiare o far distrarre tutti gli altri spettatori, facendoli sentire, in qualche modo, degli estranei.

"Guardare tutti" vuol dire, in sostanza, che mentre parli devi far scorrere lo sguardo da un lato all'altro della stanza, soffermandoti su singoli gruppi di persone per farli sentire parte attiva e presente del discorso che stai facendo. Agendo in questo modo creerai dei legami. Saranno tanti fili che ti uniranno a ciascuno spettatore, al quale darai la sensazione di essere lì solo per lui.

Sorridi. È difficile che una persona alla quale si sorride non risponda con un altro sorriso; ciò contribuirà a creare un'atmosfera distesa e amichevole. Sorridi non solo con la bocca ma con tutto il viso, guardando negli occhi.

Supporti AV (Audio-Video). I supporti audiovisivi che, in genere, si utilizzano in queste situazioni sono:
- lavagne a fogli mobili;
- proiettori di lucidi;
- proiezioni PowerPoint;
- cartelli attaccati alle pareti;
- effetti speciali vari.

È chiaro che l'utilizzo di uno o più di questi strumenti (o il non utilizzo) varia a seconda del tipo di argomento trattato, del pubblico presente e di altre variabili che vanno analizzate caso per caso. La regola generale prevede di **non abusare di alcun supporto AV**; si rischia di appiattire la presentazione annoiando il pubblico. Ancora una volta, pensa che il protagonista sei tu non i tuoi strumenti, per quanto pregevoli e tecnologicamente avanzati.

Il loro utilizzo deve essere solo funzionale, di supporto: non deve mai superare la tua presenza personale. Essi possono conferire varietà, colore e interesse al tuo discorso ma la guida sei sempre e comunque tu, in carne e ossa! In ogni caso, qualora decidessi di utilizzare i supporti visivi, assicurati che siano leggibili, chiari, brillanti, nitidi; insomma, che non richiedano sforzo per essere compresi. Essi vanno posizionati preferibilmente alla sinistra del pubblico, leggermente rialzati rispetto ad esso, in modo da indurre più facilmente l'accesso alla memoria visiva.

È inoltre utile appendere **fogli pro-memoria**, contenenti alcune parole-chiave del tuo discorso, intorno alla stanza, a disposizione della *visione periferica* del pubblico per far assorbire ai partecipanti i concetti in essi specificati. Nei miei corsi in aula faccio proprio questo. Appendo alle pareti laterali dei fogli con la riproduzione di alcune slide o disegni o ClipArt che richiamino i concetti chiave che ho spiegato in precedenza. Possono essere disegni stilizzati, ironici, come ad esempio questa slide classica che richiama la definizione tecnica di comunicazione.

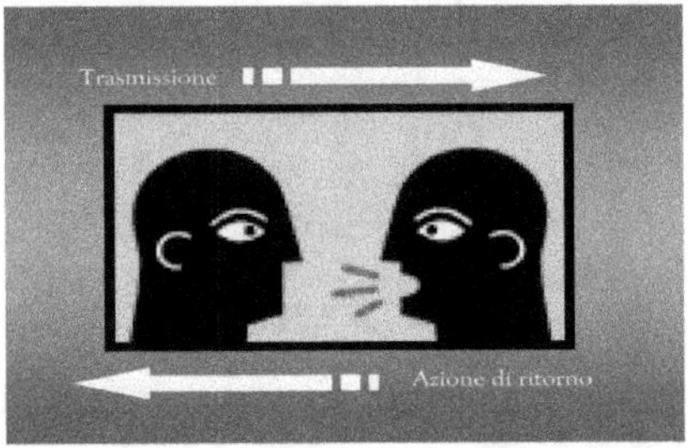

Oppure può trattarsi di grafici essenziali, come in quest'altra slide che ricorda come viene divisa l'attenzione del pubblico.

In questo modo i corsisti hanno i concetti sempre a disposizione della loro visione periferica; e non solo loro: anch'io. In più hanno la possibilità di soffermarsi su di essi con calma durante le pause. Sarà un continuo stimolo alla memorizzazione di quello che ho spiegato loro.

La **lavagna a fogli mobili** è decisamente utile perche ti permette di sottolineare alcuni concetti chiave. Inoltre, i fogli mobili sono da preferire alle lavagne fisse tipo Velleda perché con queste ultime, dovendo cancellare continuamente, rischi di perdere l'opportunità di ritornare a concetti precedenti, cristallizzati in un disegno, in una parola chiave, in una tabella e così via.

SEGRETO n. 35: OCCHI:
- **non leggere;**
- **guarda tutti;**
- **sorridi;**
- **utilizza in modo funzionale i supporti AV, senza esagerare.**

VOCE. La voce è lo strumento che gestisce ben due linguaggi: quello verbale e quello paraverbale, quindi il 45 per cento della comunicazione. Attraverso il suo sapiente utilizzo sarai in grado di far "vibrare" l'anima di chi ti ascolta. Ecco alcuni punti su cui puoi lavorare:

Volume. Se parli a un gruppo numeroso, sintonizza il tuo volume sull'ultima fila. La tua voce deve essere compresa perfettamente in ogni punto della stanza.

Per non stancarti devi esercitarti a parlare *di petto* e, comunque, non *di gola*, come forse sei abituato, perché, altrimenti, dopo qualche ora questa sarà molto irritata. La tecnica è quella di immaginare, mentre parli, che la voce parta dal petto, o dalla pancia.

In casi particolari, valuta anche l'opportunità di servirti di un impianto audio. Attenzione, però, se decidi di farlo, assicurati che sia di qualità professionale. Ti dico questo perché più di una volta ho ascoltato voci uscire da impianti di pessima qualità (o mal equalizzati) e l'effetto era molto sgradevole perché modificava la voce dell'oratore in maniera quasi imbarazzante, a danno, naturalmente, della presentazione.

Per conferenze o presentazioni, occasioni nelle quali devi muoverti o stare in piedi, ti consiglio di utilizzare un radiomicrofono ad archetto; siccome non sempre i locali sono dotati di questo tipo di microfono, ti conviene comprartelo. Ricordati di **piazzare le casse in avanti rispetto al microfono** per evitare fastidiosi fischi.

Timbro. Il timbro conferisce colore e profondità al discorso, talvolta è tale da far venire i brividi. Ricorda le grandi voci radiofoniche, le cosiddette voci "calde". Ci sono persone famose solo per la loro voce che, magari, non hai mai visto in viso, come alcuni doppiatori o conduttori.

Ma qual è il segreto per avere una voce calda, seducente e convincente? Anche in questo caso la tecnica è quella di esercitasi a parlare di petto. Devi immaginare, mentre parli, che il tuo tronco sia una specie di cassa armonica. Più immagini che la voce parta dal basso e più diventerà profonda.

Non è difficile, basta esercitarti. Comincia a farlo al telefono; noterai che chi ti risponde ti dirà: «Ma... sei proprio tu? Wow che voce sexy!». Questo vale sia per gli uomini che per le donne. Naturalmente, non si parla in pubblico solo per sedurre. È poi necessario evitare di essere piatto. Varia continuamente toni, velocità e volume per tenere desta l'attenzione. Al timbro vanno logicamente connessi i concetti di ritmo e pause.

Ritmo, pause. È sempre fastidioso per chiunque ascoltare un soggetto che parla di continuo, velocemente, come si suol dire "a macchinetta"; si rischia, infatti, a un certo punto di non seguirlo più perché completamente intontiti dalla sua logorrea. Allo stesso modo, diventa impossibile ascoltare qualcuno che parla con una cadenza sempre lenta; monocorde; a volume basso, generando, dopo un po', solo sonnolenza.

È necessario modulare il ritmo, variandolo continuamente. Devi adattarti al pubblico dopo averlo calibrato, ricalcato e dopo aver percepito il suo feedback. Le pause sono indispensabili per riflettere e dare il tempo di assimilare e memorizzare i concetti esposti. Ricordati ancora che le persone riescono ad assimilare un numero di 7+/-2 concetti alla volta, dopo di che vanno in trance.

ALTRE "FINEZZE" SULL'USO DELLA VOCE

Chiamare per nome. contribuisce a creare rapport. Prova a pensare a come ti senti quando una persona ti chiama per nome (attenzione: nome e non cognome!). Ricordare il nome è una dimostrazione di grandissima considerazione e la persona te ne sarà grata. Essere chiamato per nome vuol dire essere un individuo unico, speciale, diverso da tutti gli altri.

In qualunque situazione devi cercare di memorizzare i nomi, anche se ti trovi di fronte a una platea. Il metodo classico, derivato dalle tecniche di memorizzazione, è quello di associare l'immagine del suono di quel nome a un particolare della persona. Ad esempio potresti dover memorizzare il nome di una persona che si chiama Maria.

A me, personalmente, il suono del nome "Maria" fa venire in mente la *marea*. Cerca un particolare della persona e rendilo grande o bizzarro; magari la sua messa in piega. Rendila gigantesca e, infine, memorizza questa immagine: Maria, con una *chioma gigantesca* che in mezzo a un'altissima e agitatissima *marea* ti chiama dicendo: «Maria, Maria, Maria!!!» Rendi l'immagine più bizzarra e divertente che puoi. Ti renderai conto che è più semplice farlo che spiegarlo. In sostituzione, potresti utilizzare i classici cartellini da applicare al vestito, ma è una soluzione non sempre praticabile, per cui ti conviene esercitarti nell'abilità di memorizzare.

Suggerire un comando. Se articoli una frase utilizzando un **tono discendente**, il tuo interlocutore lo percepirà come un comando. Ciò che, invece, siamo abituati a fare è l'esatto contrario: utilizziamo un tono ascendente. Ma quando il tono di voce è ascendente le parole *si perdono nell'aria*.

Tono ascendente   /   **= probabile risposta negativa.**
Es.: «Mi presteresti la tua auto per favore?» Risposta: «No!»

Tono discendente   \\   **= comando.**
Es.: «Prestami la tua auto per favore!» Risposta: «Ok»

Brividi. Se vuoi far venire i brividi, devi far partire la voce dal tronco del tuo corpo e terminare le frasi con un tono discendente. In questo caso, il contenuto delle frasi e la scelta dei vocaboli vanno curati adeguatamente e varieranno a seconda di chi hai di fronte; come sempre, dopo un'attenta calibrazione.

Vocabolario. Le parole non sono altro che delle etichette; più esattamente, sono delle *ancore* in grado di suscitare immagini e sensazioni più o meno intense. Ecco perché, a seconda dei casi, puoi scegliere di utilizzare nel tuo linguaggio parole suggestive (che evocano immagini) ogni qual volta sia necessario trasmettere determinate sensazioni.

Se vuoi, ad esempio, suscitare sensualità non puoi usare una frase tipo: «Mi piace *baciarti*», perché, oltre a essere scontata, non evoca nulla di veramente sensuale. Potresti, invece, dire: «Mi piace *assaporare* il *gusto* delle tue *labbra* sulle mie, mentre *sento* il tuo *respiro* e i nostri *occhi* si chiudono lentamente.»

Una frase del genere evoca molta sensualità perché coinvolge tutti i sensi e suggerisce immagini chiare e definite, lasciando spazio a ulteriori elaborazioni dell'immaginazione.

Ti suggerisco, dunque, di creare un tuo **bagaglio di vocaboli**

strategici per ogni situazione da utilizzare sapientemente al fine di indurre determinate sensazioni nel tuo pubblico.

Dizione. Questo non è un corso di teatro, tuttavia una buona dizione è in grado di catturare l'attenzione per la sua gradevolezza. Tieni presente, però, che tutto va calibrato, di conseguenza se vai a parlare agli abitanti di un paesino di estrema periferia è probabile che siano più coinvolti da espressioni dialettali piuttosto che da un perfetto italiano. Il segreto è sempre ricalcare.

SEGRETO n. 36: VOCE:
- **sintonizzati sull'ultima fila;**
- **varia il timbro, il ritmo e le pause;**
- **chiama per nome;**
- **suggerisci comandi con tono discendente;**
- **fai venire i brividi parlando con il tronco e usando un tono discendente;**
- **usa parole suggestive;**
- **creati un bagaglio di vocaboli strategici per ogni situazione;**
- **parla con una buona dizione.**

Corpo. La postura e la prossemica rispecchiano, secondo alcune teorie psicologiche, ciò che la persona pensa di se stessa. Ne deriva che, generalmente, una postura dritta e fiera comunica al pubblico sicurezza, mentre un aspetto curvo e dimesso o un'eccessiva lontananza dal pubblico dimostrerebbe incertezza, con ovvie conseguenze sulla credibilità dei tuoi discorsi.

Oltre a questa regola generale, esistono alcuni **modelli corporei** che puoi utilizzare per trasmettere dei meta-messaggi al pubblico. Tali modelli sono generalmente conosciuti come **CATEGORIE DELLA SATIR**, in omaggio a Virginia Satir, psicoterapeuta, i cui metodi e strategie sono stati ampiamente studiati dai fondatori della PNL. Eccoli spiegati uno per uno.

L'APPIANATORE

L'appianatore comunica calma e autorità. Egli assume una fisiologia equilibrata e simmetrica rimanendo ben eretto, con il controllo naturale del proprio baricentro.

Le sue mani sono in movimento verso il basso e si allargano lateralmente. (Vedi disegno)

L'appianatore ispira fiducia; le sue espressioni verbali possono essere del seguente tipo: «Ecco come stanno le cose»; «Lasciate che vi illustri a che punto siamo». Parla preferibilmente di petto. Il tono della sua voce è discendente e comprende delle pause alla fine delle frasi, comunicando, come abbiamo già visto, dei comandi inconsci senza mai apparire eccessivo.

Questa figura evoca immediatamente lo stato del trainer, con il quale condivide le caratteristiche dell'equilibrio, della simmetria e di tutto ciò che conferisce sicurezza e controllo della situazione.

Come avrai constatato, si tratta di un modello utilissimo e puoi già immaginarne le applicazioni nei più svariati contesti.

L'ACCUSATORE

Comunica autorità conflittuale, ansia; inconsciamente, da esso ci si difende. La sua fisiologia è asimmetrica; tende a muoversi nervosamente; si sporge in avanti; punta spesso il dito. Le sue frasi tipiche sono: «L'avevo detto»; «Pensa a quello che fai»; «È colpa tua».

L'accusatore parla prevalentemente di gola. Il suo obiettivo vorrebbe essere quello di dare dei comandi, ma i suoi meta-messaggi evocano al massimo autorità con poca autorevolezza. Inconsciamente, pretende di assumere il controllo della situazione attraverso la forza.

IL COMPIACENTE

Questa categoria comunica vulnerabilità, incertezza e scarsa autostima. Il compiacente, come suggerisce la parola, parla soprattutto per ingraziarsi il prossimo; è d'accordo su tutto e si conforma facilmente alle regole, ma non per flessibilità, quanto per debolezza. Assume una fisiologia simmetrica aperta, quasi ad abbracciare e trattenere chi gli sta di fronte. I suoi palmi sono tendenzialmente rivolti verso l'alto. Egli si rivolge dicendo: «È come dici tu»; «Ti chiedo solo un piccolo aiuto...».

La sua espressione facciale comunica tensione anche quando sorride. Parla tendenzialmente di gola.

IL CALCOLATORE

Comunica distacco, poca apertura verso il mondo perché è coinvolto costantemente in un dialogo interno. In genere ha una prevalenza verso il sistema rappresentazionale cenestesico. La sua fisiologia è asimmetrica, con braccia conserte; posizione da pensatore; mano sotto il mento. Con tono basso può esprimersi dicendo: «La logica suggerisce di fare così»; «Analizziamo i fatti»; «Lascia che ci pensi un attimo».

IL CONFUSIONARIO

Comunica disordine, vulnerabilità, incertezza. Totalmente asimmetrico e incongruo; si muove anche a scatti ed è in continua oscillazione fra il dialogo interno ed esterno. Le sue espressioni tipiche possono essere: «Boh?!»; «Non so bene»; «Che ti devo dire...». Il tono di voce è assolutamente imprevedibile.

Come utilizzare le categorie della Satir

A prima vista potrebbe sembrare che il modello fornito dall'*Appianatore* sia l'unico valido perché comunica calma, distacco ed equilibrio, dunque tutti stati positivi. Ma l'errore è proprio quello di classificare le situazioni in positive e negative. Diverso, invece è dividerle in **utili** e **non utili**. Non sempre, infatti, è utile che la comunicazione si articoli su un piano equilibrato.

Qualche volta può risultare più vantaggioso comunicare altri stati d'animo a chi ti sta di fronte; per cui se desideri interrompere o variare uno schema, potresti assumere un diverso modello comunicativo al fine di evocare altri meta-messaggi.

Ammettiamo, ad esempio, che nel bel mezzo di una tua presentazione, mentre sei nello stato del trainer e hai assunto il modello dell'*Appianatore*, si presenti una persona che chiede delle informazioni fuori luogo; una presenza inopportuna. Il tuo obiettivo è quello di liberartene immediatamente per non perdere tempo e concentrazione. In genere la persona inopportuna incarna l'*Accusatore*.

Se, in una situazione del genere, tu continui a rimanere nell'*Appianatore*, mostrandoti incline al rapport, farai il suo gioco e lo inviterai, inconsciamente, a continuare la comunicazione e, quindi, a prolungare la sua presenza. Se, invece, incorpori il *Confusionario*, spezzerai immediatamente lo schema e lo spiazzerai completamente, costringendolo a cercare le sue risposte altrove.

Anche l'*Accusatore* è utile in determinati contesti. Quando, ad esempio, devi sottolineare con enfasi alcuni punti del tuo discorso, mentre dici: «*I fattori determinanti sono questo, questo e quest'altro!*» se assumi il modello dell'*Accusatore* avrai la garanzia che il messaggio arriverà con forza. Un'altra situazione in cui puoi utilizzare efficacemente l'*Accusatore* è quando devi dire: «Sì, tu puoi farcela!». Ancora una volta la tua flessibilità, associata alla tua abilità nel calibrare, ti suggeriranno l'utilizzo più opportuno delle Categorie della Satir.

Come sfruttare lo spazio in cui ti muovi

Abbiamo visto che, quando parli in pubblico, trasmetti attraverso il corpo il 55 per cento delle sensazioni/emozioni. Se desideri che il flusso delle tue parole si propaghi in maniera armonica devi fare in modo che il tuo corpo diventi uno strumento flessibile. I tuoi movimenti devono assimilarsi a una danza che accompagni le parole, e viceversa.

Anche nei movimenti, dunque, tieni ben presenti i concetti già esposti a proposito della voce, sapendo che la varietà deve essere intesa in senso spaziale. Evita, dunque, di stare in piedi fermo nello stesso punto, a meno che non sia costretto a stare dietro a un microfono fisso per motivi tecnici.

Cammina sul palco. Spostati in mezzo al pubblico; fallo, ad esempio, quando leggi una slide proiettata sullo schermo. Se hai fatto le prove ambientali illustrate in precedenza (vedi paragrafo: "Come acquisire padronanza dell'ambiente") dovresti sentirti già padrone del tuo territorio, sapendo, quindi, esattamente quali punti della stanza sfruttare efficacemente. Fai degli esempi figurativi indicando dei personaggi immaginari, muovendoti e comportandoti come fossero realmente lì. Potresti simulare la scena di un colloquio spostandoti nell'una o nell'altra posizione a seconda di chi parla, e assumendo anche una diversa postura e un diverso timbro di voce. Gesticolare va benissimo purché i gesti siano coerenti con il discorso e senza esagerare.

Esistono poi altri principi che vanno ad agire direttamente sull'inconscio. Se ripeti sempre gli stessi gesti in modo evidente mentre sei in uno stesso punto del palcoscenico o nell'area dalla quale parli, le persone del pubblico creeranno delle associazioni (ancore) tra la tua posizione e quei gesti. Se, ad esempio, ogni volta che riveli qualcosa ti metti dietro a uno sgabello, appoggiandoci sopra le mani, quando il pubblico ti vedrà in quella posizione entrerà automaticamente in uno stato di attesa.

Capisci, allora, quale incredibile strumento sia questo. Esso ti permette di disseminare deliberatamente *ancore* sul palco per innescare degli stati precisi nel pubblico. Se ci pensi bene si tratta, in fondo, di tecniche che utilizzano, anche senza saperlo, politici, venditori e comici; basti pensare ai "tormentoni" che richiamano immediatamente alcuni personaggi. Ora che hai capito quanto potenti siano i tuoi strumenti, mi preme ribadire il concetto della *congruenza*.

Se utilizzi gli occhi, la voce e il corpo in maniera congruente lancerai dei messaggi fortissimi e univoci al pubblico. Riuscirai a coinvolgerlo e a fargli arrivare qualunque sensazione, emozione, comando o informazione tu abbia deciso di trasmettere. Esercitati a lungo e quotidianamente perché i risultati ti sorprenderanno.

SEGRETO n. 37: CORPO:

- **usa le categorie della Satir per trasmettere meta-messaggi al pubblico;**
- **fai in modo che il tuo corpo diventi uno strumento flessibile;**
- **utilizza occhi, voce e corpo in maniera congruente.**

Comunicare "emozionando"

È arrivato, finalmente, il momento magico, quello di "emozionare" il tuo pubblico, sia esso formato da una, cento o mille persone. È la fase dove puoi **unire tutto** quello che hai appreso fino a questo momento e utilizzarlo in maniera produttiva attraverso la tua flessibilità.

Sei già in grado di comunicare con efficacia e questo paragrafo ti sarà utile per riepilogare e consolidare ciò che hai già appreso durante il tuo percorso. Aggiungeremo, infine, gli ultimi *segreti* al tuo bagaglio di conoscenze affinché possa avere più frecce al tuo arco. Hai appreso numerose strategie per creare rapport ed entrare in sintonia con chiunque. Sai che la costante calibrazione e il ricalco ti permettono di guidare il pubblico verso comportamenti differenti. Hai compreso l'importanza di un linguaggio che contenga predicati visivi, auditivi e cenestesici.

Sei consapevole dell'utilità di rispondere alle domande latenti nell'inconscio delle persone che sono riassunte in: cosa?; perché?; come?; e se?. Ti sei inoltre reso conto che è fondamentale utilizzare sapientemente e in maniera congruente le tue risorse naturali ovvero, occhi, voce e corpo integrando, in questo contesto, la potenza delle ancore spaziali e delle categorie della Satir. Forse non te ne rendi ancora conto ma hai già interiorizzato delle conoscenze che altri non si sognano nemmeno di avere e hai appreso delle abilità che ti rendono una persona sensibile, flessibile, speciale o, se vuoi, straordinaria!

Ora aggiungeremo un tassello ulteriore a questo mosaico che ti permetterà realmente di *scolpire* l'anima di chi ti ascolta estraendone le forme che desideri; che, in pratica, ti permetterà di *comunicare emozionando*.

Emozionare il tuo pubblico vuol dire farlo entrare in uno o più "stati" fisiologici-emotivi. Puoi decidere di suscitare una gran varietà di stati come curiosità, motivazione, riflessione, rabbia, eccitazione, ilarità, interesse, commozione e così via; dipende esclusivamente dai tuoi obiettivi. Tenendo presente tutto questo, dunque, vediamo come provocare stati nel pubblico.

Il primo metodo per ottenere questo risultato è quello di **entrare tu stesso nello stato che vuoi trasmettere**. Se devi, ad esempio, raccontare una storia commovente, devi cercare la commozione prima di tutto dentro di te e cominciare a raccontare partendo da quello stato. Qualunque altro stato renderebbe le tue parole incongrue e non saresti credibile.

Ancora, se devi concludere un affare devi entrare in uno stato di sicurezza e di motivazione; diversamente, se ti mostri incerto o giocoso o in qualunque altro stato, il tuo interlocutore riceverà dei messaggi non congruenti e l'affare salterà. Dunque cerca dentro di te il ricordo di un episodio della tua vita in cui **hai già provato quella sensazione**, oppure proietta nel tuo schermo mentale un'immagine di te in quello stato e vivila **come se** stesse accadendo davvero in quel momento.

Un secondo metodo per provocare stati nel pubblico è quello di **chiedere direttamente alle persone di ricordare una situazione passata in cui si sono trovate in quello stato**. Il ricordo gioca sul principio delle ancore. Sai ormai bene che all'immagine di una situazione emotivamente coinvolgente è saldamente ancorata una sensazione; per cui quella sensazione riaffiorerà inevitabilmente ogni volta che la memoria richiamerà la situazione passata. Se vuoi provocare uno stato di motivazione, puoi esprimerti dicendo: «Immaginate una situazione del passato in cui vi sentivate veramente motivati a fare una cosa; nulla vi avrebbe impedito di perseguire il vostro obiettivo...» Non importa se il pubblico riesce o meno a formarsi l'immagine immediatamente, perché lo stimolo agisce a livello inconscio e lavorerà in automatico.

Un metodo simile, leggermente meno efficace, può essere quello di chiedere di **immaginare un tempo futuro in cui si**

troveranno in quello stato.

Un'altra strategia validissima è quella di **utilizzare le metafore**. Il pubblico è sempre ben disposto ad ascoltare storie. Non importa se siano vere o inventate, ciò che conta è che siano "isomorfe", ovvero che riproducano indirettamente la *struttura* e la *forma* della situazione che vuoi realmente rappresentare. La potenza delle metafore sta nel fatto che permettono di rappresentare qualcosa mentre si parla di un'altra cosa. È un linguaggio indiretto ma preciso e finalizzato.

Ai bambini si raccontano le favole che contengono una *morale*, ma non si racconta loro direttamente la morale perché non sarebbero in grado di recepirla con la logica; mentre, invece, sono perfettamente in grado di interiorizzare i *messaggi nascosti* nella storia, attraverso un processo di identificazione con i personaggi di essa. Essi riescono a interpretare tranquillamente la figura di Jimmi dei tre porcellini, che rappresenta il *saggio*, perché il contesto narrativo in cui egli si muove evoca indirettamente la necessità di essere diligenti e accorti e, quindi, *saggi*.

Per gli adulti è esattamente la stessa cosa. Magari non racconterai al tuo uditorio le classiche favole per bambini ma puoi essere in grado di **confezionare alcune storie che contengano lo stato che vuoi trasmettere nel contesto adeguato**. Per questo motivo devi diventare un **collezionista di storie**. Cercale, leggile, inventale o adattale alle tue esigenze e utilizzale per creare stati in maniera indiretta.

Per essere sicuro che lo stato che desideri suscitare coinvolga il maggior numero di persone possibile, puoi parlare di **esperienze universali**. Si tratta di situazioni che sono capitate un po' a tutti e alle quali, solitamente, sono ancorati determinati stati. Se ti chiedo di pensare a un momento in cui *ti sei sentito solo in mezzo a un gruppo di persone*, sono sicuro che entrerai immediatamente nello stato di solitudine o smarrimento che ti sto suggerendo. Gli esempi possono essere infiniti:

- la *gioia* di partire per un viaggio;
- il *piacere* intimo di ricevere attenzione quando si è malati;
- la *trepidazione* quando si è in attesa di un evento;
- la *tristezza* di una perdita importante... e così via.

Passando alla pratica, se vuoi suscitare uno stato di curiosità, puoi dire al pubblico: «Non so se vi è mai capitato in passato di provare un senso di curiosità irresistibile... come quando da bambini, cercavate di immaginare il contenuto del regalo di Natale sotto l'albero...». Questa è un'esperienza cui è ancorato uno stato di curiosità ed è capitata sicuramente almeno all'80 per cento delle persone cui ti rivolgi.

In alternativa puoi parlare di **esperienze comuni** che, come dice la definizione, è probabile che siano state vissute dalla maggior parte delle persone con cui ti trovi a contatto. Possono, talvolta, coincidere con le esperienze universali ma la differenza con queste è che le esperienze comuni si riscontrano più facilmente nella vita quotidiana.

Un classico esempio di esperienza comune è il *déjà vu*, ovvero, la sensazione di aver già vissuto una certa esperienza. Altre possono essere:

- la sensazione di *ansia* che ti assale mentre fai la coda alla cassa del supermercato;
- la sensazione di impotenza di fronte a una morte;

- la gioia legata alla vincita di un premio;
- la soddisfazione per un risultato raggiunto dal proprio figlio ecc.

Le esperienze universali o comuni non sono altro che una forma di ricalco a larghissimo raggio. Valuta sempre l'opportunità di utilizzare talune esperienze piuttosto che altre perché la stessa esperienza potrebbe aver suscitato emozioni diverse a persone diverse.

Mi spiego. La nascita di un bambino, che solitamente è considerata un'esperienza bellissima, potrebbe non esserlo per una persona che non può avere figli; quindi, rimani aperto a ricevere informazioni calibrando attentamente i tuoi interlocutori, e cerca di conoscere il più possibile le persone che incontri.

A questo punto del nostro viaggio avrai sicuramente capito che il segreto per comunicatore emozionando è quello di **utilizzare tutto**. Naturalmente, non sempre le situazioni reali presentano l'occasione di utilizzare l'intero bagaglio di strategie. L'importante, però, è che tu sia in grado di scegliere al momento opportuno ciò che più ti conviene in quella situazione e di tirare fuori la risorsa giusta.

Facciamo un semplicissimo esempio. Diciamo che tu debba parlare a un matrimonio con l'obiettivo di far commuovere i presenti. Realizziamo la sola **struttura** di questo discorso, scrivendone i punti essenziali.

1. **Primo punto: crea il tuo stato d'animo**. La prima cosa da fare è cercare nella tua memoria un episodio che induca te stesso nello stato di commozione affinché tu possa trasmetterlo ai presenti essendo credibile e convincente.
2. **Secondo punto: cerca esperienze universali**. Parti subito con un'esperienza universale in modo da coinvolgere l'intero uditorio e farlo sentire protagonista di una storia che unisce tutte le persone presenti.
3. **Terzo punto: occhi, voce, corpo**. Guarda il pubblico mentre parli. Fai una pausa alla fine di ogni frase importante. Concludi le tue frasi con un tono di voce discendente e, mentre lo fai, guarda tutti e soffermati su ciascuno. Utilizza un linguaggio VAK e parole *suggestive*. Muoviti lentamente e in

modo congruente con il tuo discorso. Se stai raccontando qualcosa di poetico, non puoi muoverti a scatti. I gesti devono seguire le parole con la medesima dolcezza di una poesia.

4. **Quarto punto: includi esperienze comuni**. Queste servono per mantenere vivo l'interesse. Potresti raccontare un episodio realmente accaduto che abbia avuto un significato particolare.

5. **Quinto punto: fai un ponte sul futuro**. Proietta nel futuro ciò che desideri per i presenti facendoglielo immaginare; oppure, crea una sorta di metafora in cui descrivi ciò che tu pensi accadrà di straordinario nella loro vita e regalaglielo come il tuo migliore augurio.

Questo non è che un esempio molto semplice, che ha il solo scopo di farti capire che tutto il tuo comportamento deve essere indirizzato verso lo stesso obiettivo: far commuovere. Naturalmente, se devi far ridere utilizzerai altre frasi, altri toni e un altro modo di muoverti. Ciò che ormai dovresti aver compreso è che, per ottenere l'effetto di emozionare, **la struttura del tuo discorso deve essere tale da includere tutti gli elementi che abbiamo descritto in questo ebook** o, almeno, la maggior parte. Ciascuno di essi ha un ruolo importantissimo e peculiare e tutti sono, in qualche modo, legati al concetto di congruenza. L'utilizzo di tutte le risorse serve per trasmettere messaggi all'inconscio degli ascoltatori affinché abbiano la reazione da te desiderata.

SEGRETO n. 38: per provocare stati nel pubblico:
- **entra tu stesso nello stato che vuoi trasmettere;**
- **chiedi alle persone di ricordare una situazione passata in cui si sono trovate in quello stato;**
- **chiedi di immaginare un tempo futuro in cui si troveranno in quello stato;**
- **utilizza le metafore;**
- **confeziona storie che contengano lo stato che vuoi trasmettere;**
- **parla di esperienze universali o racconta esperienze comuni;**
- **utilizza tutto.**

Per ottenere questo risultato non occorrono condizioni particolari o conoscenze ulteriori perché ciò che devi fare, da questo momento in poi, è (perdonami il gioco di parole) *farlo*!

La vita di tutti i giorni ci offre già tutto ciò di cui abbiamo bisogno per esercitarci a comunicare: dalle situazioni ripetitive a quelle inaspettate e impensabili. Non devi far altro che buttarti e cominciare. Fai esperienza e ricorda che, qualsiasi cosa accada, si tratta sempre di un risultato. All'inizio, forse, penserai di non essere in grado di applicare tutto in maniera cosciente: non importa; se vuoi, concentrati su una sola cosa e provala finché non ti senti soddisfatto; poi prova ad aggiungere un'abilità alla volta.

Puoi cominciare con la calibrazione e il ricalco per poi aggiungere la guida. Successivamente puoi concentrarti sul linguaggio e la scelta dei predicati; ad essi, poi, unirai, via via, le categorie della Satir e tutto il resto. Puoi farlo gradualmente oppure tutto insieme, purché tu ti diverta e, soprattutto, percepisca la gioia di assistere a uno straordinario cambiamento interiore che porti nuove possibilità di scelta alla tua vita.

L'ebook potrebbe quasi finire qui perché, ripeto, a questo punto sai tutto quello che serve per emozionare. Il comunicatore *straordinario*, però, è in grado non solo di trasmettere messaggi e meta-messaggi con efficacia ma anche di affrontare situazioni non ordinarie e imprevisti. Ti invito, pertanto, a leggere con la medesima attenzione anche l'ultimo capitolo nel quale, oltre a spiegarti come salutare il tuo pubblico, troverai utili strumenti per trarti d'impaccio in qualsiasi situazione.

Non è sempre detto, infatti, che tu possa controllare tutto (compreso te stesso); esistono situazioni formali o impreviste in cui devi sottostare, tuo malgrado, ad alcune regole; in altre circostanze sei costretto a cambiare i tuoi programmi per poi riprendere in mano al volo la situazione. *Così è la vita* e ci deve piacere anche per questo; in fondo ci offre infinite opportunità di metterci in relazione con il mondo e di arricchirci di nuove esperienze.

RIEPILOGO DEL GIORNO 6:

- SEGRETO n. 34: l'attenzione del pubblico è così suddivisa:

  - il 7 per cento al linguaggio *verbale*;

  - il 38 per cento al linguaggio *paraverbale*;

  - il 55 per cento al linguaggio *non verbale*.

- SEGRETO n. 35: OCCHI:

  - non leggere;

  - guarda tutti;

  - sorridi;

  - utilizza in modo funzionale i supporti AV, senza esagerare.

- SEGRETO n. 36: VOCE:

  - sintonizzati sull'ultima fila;

  - varia il timbro, il ritmo e le pause;

  - chiama per nome;

  - suggerisci comandi con tono discendente;

  - fai venire i brividi parlando con il tronco e usando un tono discendente;

  - usa parole suggestive;

  - creati un bagaglio di vocaboli strategici per ogni situazione;

  - parla con una buona dizione.

- SEGRETO n. 37: CORPO:

- usa le categorie della Satir per trasmettere meta-messaggi al pubblico;
- fai in modo che il tuo corpo diventi uno strumento flessibile;
- utilizza occhi, voce e corpo in maniera congruente.

- SEGRETO n. 38: per provocare stati nel pubblico:
  - entra tu stesso nello stato che vuoi trasmettere;
  - chiedi alle persone di ricordare una situazione passata in cui si sono trovate in quello stato;
  - chiedi di immaginare un tempo futuro in cui si troveranno in quello stato;
  - utilizza le metafore;
  - confeziona storie che contengano lo stato che vuoi trasmettere;
  - parla di esperienze universali o racconta esperienze comuni;
  - utilizza tutto.

GIORNO 7:

Come gestire le situazioni formali
e i momenti difficili

Come comportarsi secondo il cerimoniale

Il cerimoniale è quel settore delle pubbliche relazioni che riguarda la vita di rappresentanza ufficiale. Esso è formato da regole non scritte ma percepite in maniera forte poiché la violazione di esse viene immediatamente ricollegata alla violazione del rispetto di altissimi valori umani (persone, Stato, religione, uguaglianza ecc.). Esso rappresenta un tentativo di stabilire un modello comune di comportamento formale per facilitare le relazioni. Erroneamente si pensa che sia applicabile solo a contesti ufficiali perché ciascun gruppo sviluppa automaticamente le sue regole rigorose non scritte e pretende che siano rispettate.

Ce ne occupiamo brevemente perché, in genere, rappresenta una eccezione alla regola del *sorprendere*. In questi casi, infatti, difficilmente l'etichetta consentirebbe di essere bizzarri, laddove, all'opposto, correrebbe l'obbligo di conformarsi alle regole di comportamento ufficiale che vanno ricalcate fedelmente; **salvo, dopo, guidare** il gruppo verso il modello di presentazione prescelto. Ecco perché questo paragrafo è idealmente incluso nella *flessibilità*.

Esistono alcune regole da rispettare assolutamente in presenza di personalità, specialmente se sei tu il cerimoniere:

- ricalcare gli abiti formali per mattino, pomeriggio e sera;
- tra due posti vicini, il posto d'onore è quello di destra (per chi si siede); fra tre è in mezzo (il secondo è alla sua destra);
- la bandiera all'interno di una stanza può essere consentita solo se c'è un rappresentante di maggior rango di un ente che esercita una pubblica potestà. La bandiera italiana ha la precedenza e va a destra se i vessilli sono due;
- prendendo la parola, il cerimoniere introduce; segue il saluto delle autorità e poi gli interventi ufficiali;
- l'ordine dei discorsi è inverso rispetto al rango degli oratori i quali, all'inizio e alla fine, potranno rivolgere un saluto alle massime cariche presenti;
- può servire conoscere l'ordine di importanza dei titoli

nobiliari, seppure non più riconosciuti: Principe – Duca – Marchese – Conte – Visconte – Barone – Signore – Patrizio – Nobile – Cavaliere ereditario;

- riporto, di seguito, i modi di rivolgersi ad alcune cariche che possono essere presenti in alcuni contesti:

CARICA	APPELLATIVO
Presidente della Repubblica	Signor
Presidenti Senato e Camera	Onorevole
Presidente del Cons. Ministri	Signor/Onorevole
Ex Presidente Repubblica	Signor /Emerito
Ministro-Sottosegretario	Signor/Onorevole
Deputato-Senatore	Onorevole
Papa	Santità
Cardinale	Signor/Vostra Eminenza
Vescovo	Signor/Vostra Eccellenza Reverendissima
Nunzio Apostolico	Signor/Vostra Eccellenza Reverendissima
Delegato apostolico	Signor
Monsignore/Reverendo	Reverendo
Presid. Regione-Assessore	Signor
Prefetto	Signor/Eccellenza (abolito ma tuttora usato)
Questore/Sovrintendente	Signor
Ufficiali	grado preceduto da Signor
Rettore	Magnifico
Preside di Facoltà	Amplissimo
Professore Universitario	Chiarissimo

Professore non universitario   Illustre

Artisti celebri   Chiarissimo Maestro

Come sopra accennato, in un contesto del genere l'arte sta nel guidare il pubblico da una situazione estremamente formale a un'atmosfera più intima, per trasmettere qualcosa di te che ti distingua da tutti gli altri. In effetti, **più è formale la situazione e più effetto avranno le rotture degli schemi**.

Potrebbe essere già molto originale non parlare dal podio, tuttavia è necessario calibrare tutti molto attentamente per evitare il rischio di offendere o far sentire a disagio i presenti. Per esperienza posso dire che, in queste occasioni, è frequentissimo che gli oratori pronuncino i loro discorsi leggendo per cui, per catturare l'attenzione e mantenerla, senza voler strafare, potresti cominciare semplicemente a parlare evitando di leggere ma guardando il pubblico; ti assicuro che è già di fortissimo impatto. In questo modo, inoltre, puoi sbizzarrirti (e divertirti) con le tue capacità paraverbali e non verbali.

SEGRETO n. 39: nel cerimoniale, più è formale la situazione e più effetto avranno le rotture degli schemi.

Io, per esempio, sono socio del Lions club di Ascoli Piceno, quindi ho l'opportunità di vivere spesso l'atmosfera del cerimoniale e, naturalmente, di testare personalmente le strategie di comunicazione all'interno di questo contesto.

Come puoi immaginare, il Lions club (come tutti i cosiddetti "Club service") è un luogo estremamente formale, frequentato dalla *crème* della città; da ospiti famosi e da VIP, dove qualsiasi parola, azione o notizia che ti riguarda viene, per così dire, *passata ai raggi X.*

Puoi ben immaginare, quindi, il disagio di alcune persone che, in quelle occasioni, si trovino a dover parlare in pubblico. Ebbene, quando fui invitato, ormai diversi anni fa, a far parte del Lions club della mia città, probabilmente già dal primo giorno fui considerato un socio *speciale*. Ricordo che fu organizzata una serata molto suggestiva per me e per un altro socio e, immancabilmente, a un certo punto della cena fummo invitati al centro della sala per la cerimonia ufficiale di introduzione. Durante queste occorrenze, i discorsi pronunciati da parte del presidente del club e di altre cariche per la presentazione dei nuovi soci vengono quasi sempre letti. Questo è dovuto, in verità, anche al fatto che vengono presentati i curricula dei nuovi soci.

Quando arrivò il mio turno, ero emozionato e anche abbastanza impreparato; comunque mi diressi verso il punto dal quale gli altri avevano parlato e, tuttavia, non arrivai fino all'estremità della stanza; mi fermai prima, rimanendo al centro. Già questo, probabilmente, costituì un elemento di sorpresa e di *rottura di schema* perché avevo, in qualche modo, *ridefinito* quegli spazi utilizzati per anni sempre allo stesso modo.

Contrariamente agli altri, poi, non estrassi alcun foglio da leggere ma cominciai a guardare tutti, in silenzio, con un sorriso sincero sulla faccia e, mentre sorridevo, annuivo leggermente con la testa, per trasmettere il messaggio: «Grazie, sono onorato!» Ti assicuro che in quei cinque secondi (non di più) i presenti, rimanendo in silenzio, provarono un'emozione perché seguì un applauso spontaneo.

Ricordo, poi, dopo l'apposizione della spilla con il simbolo sulla giacca, di aver detto qualcosa del genere: «Questo simbolo che porterò, da oggi in poi, all'altezza del cuore, (toccandomi il cuore con la mano) mi richiamerà sempre le parole sincere, profonde e indimenticabili che avete voluto dedicarmi.

Da questo momento, e per i giorni che verranno, saprò che quella stessa parte del cuore che appartiene anche a voi sarà il nostro legame. Ricorderò sempre l'immagine dei vostri volti... e le emozioni che insieme abbiamo vissuto... per me così profonde da farmi venire i brividi sulla pelle...». Ometto altre parti del discorso, che improvvisai, perché non le ricordo.

Quello che ricordo bene, però, è che le persone passarono da un momento di sorpresa a un altro di intensa emozione; infatti, a fine serata, ricevetti alcuni commenti di questo tipo: «Ti giuro che, in tanti anni, non avevo mai sentito delle parole così belle!»; oppure: «Mi hai fatto venire i brividi!»; e, ancora: «Sei davvero una persona diversa...» e così via. Questo mi onora molto e colgo l'occasione per salutare tutti gli amici del Lions club di Ascoli Piceno. Eppure, se rileggi le mie parole, ti rendi conto che non ho detto veramente nulla di speciale; ho solo rotto lo schema di un meccanismo formale e ripetitivo in maniera garbata e piacevole, utilizzando un linguaggio generico, evocativo e suggestivo. Lo stesso linguaggio che anche tu hai imparato a sfruttare grazie a questo ebook. Inutile dirti che sono uno dei soci più richiesti, anche in altri club, soprattutto quando c'è da *animare* una serata! E adesso dedichiamoci ai momenti difficili.

Come gestire errori, domande e obiezioni

Nessuno di noi è un essere infallibile, quindi la presenza di errori di qualsiasi genere è frequentissima in tutte le situazioni. In questi casi ci sono due regole generali da seguire: mantenere la calma e avere rispetto delle opinioni altrui. Ricorda che ciascuno ha il suo modello del mondo, e anche quando pensi di non essere in errore, devi comunque evitare di giudicare o di entrare in conflitto.

Errori. Per quanto riguarda l'errore, la cosa migliore è dichiararlo, senza problemi. Tanto più se questo è evidente. Il pubblico apprezzerà senz'altro questo atto e lo interpreterà come un esempio di professionalità. Esiste poi la possibilità di *dissociarsi* dall'errore usando il principio delle ancore.

Dopo esserti accorto dell'errore, spostati deliberatamente in un altro punto, facendo un passo laterale e, mentre guardi dov'eri prima, pronuncia una frase come: «Io non avrei mai detto una cosa del genere!» Si creerà una situazione distesa e simpatica: avrai rilevato l'errore ma sembrerà quasi che l'abbia commesso un'altra persona! Calibrando il pubblico sarai in grado di capire che genere di frase pronunciare ma anche se sia o meno il caso di adottare questo stratagemma.

SEGRETO n. 40: la cosa migliore è dichiarare l'errore, senza problemi; esiste poi la possibilità di *dissociarsi* da esso usando il principio delle ancore.

Domande. Quando ti viene rivolta una domanda, se sai già come replicare, rispondi e poi chiedi alla persona **se hai *risposto***; mentre lo fai, sottolinea leggermente la parola "risposto". Attenzione, **non chiederle se è soddisfatta della risposta**; una richiesta del genere, infatti, innesca un nuovo ragionamento creando ulteriori dubbi e finendo per generare altre domande, anche più complesse; infatti la persona è portata ad approfondire un dubbio anziché riflettere su ciò che le hai appena spiegato. Se, invece, le chiedi se hai **risposto** alla sua domanda, la persona sarà portata inconsciamente a dire "**sì**" ed è molto probabile che non ti chieda null'altro. In fondo, anche se non è soddisfatta, il suo inconscio deve per forza ammettere che le hai dato una risposta.

SEGRETO n. 41: quando ti viene rivolta una domanda, rispondi e poi chiedi alla persona se *hai risposto*; mentre lo fai, sottolinea leggermente la parola "risposto"; non chiederle se è soddisfatta della risposta.

Quando ti fanno una domanda cerca di **ricalcare** le esatte parole, riformulando tu stesso la domanda; ciò contribuirà a creare rapport. Può capitare che qualcuno ti ponga un quesito al quale non sai rispondere.

SEGRETO n. 42: quando rispondi cerca di ricalcare le esatte parole, riformulando tu stesso la domanda.

Un buon metodo è quello di **rivolgere il quesito a tutto l'uditorio** per vedere come risponderebbero a loro volta i presenti. Questo espediente ti dà la possibilità di ricevere una serie di idee da cui elaborare la possibile soluzione, ti consente di prendere tempo per ragionare e, infine, scarica la responsabilità della risposta su tutti i presenti anziché solo su te stesso.

SEGRETO n. 43: se non sai rispondere immediatamente, rivolgi la domanda a tutto l'uditorio.

Possono poi verificarsi situazioni particolari in relazione al carattere delle persone che hai di fronte. Alcune persone fanno domande per **sentirsi brave**; si tratta dei cosiddetti "professori". Benissimo; se ne hai uno in aula, *riconosci la sua bravura nell'aver saputo individuare un punto critico dell'argomento*: fallo sentire importante. Ciò non gli darà più modo di perseguire l'obiettivo nascosto, che è quello di dimostrare che è bravo. Se continua, potresti suggerirgli di discutere l'argomento da soli, più tardi, perché merita un approfondimento particolare che però esula dallo scopo del tuo intervento. In ogni caso, mai essere aggressivo o risentito; sii professionale, il resto del pubblico capirà e ti sarà a fianco.

C'è poi il "trapano", ossia colui che tende a parlare molto e continuamente. La sua logorrea lo porta a fare lunghi interventi e ad articolare domande a volte molto complesse e dense di premesse. Molto spesso parla di sé ma non se ne rende conto; tuttavia ruba il tempo che potrebbe essere dedicato alle discussioni e anche ad altre persone e, per questo, a volte può risultare fastidioso. Egli è in buona fede e non si accorge di monopolizzare il tempo; anzi, ritiene di contribuire al discorso con la propria esperienza e fornendo il suo punto di vista.

Devi evitare che queste persone prendano il sopravvento e devi farlo subito. Ti assicuro che i "trapani" sono sempre presenti! La prima regola, dunque, è questa: **evita di ricalcarle troppo**. Capisci bene che se rafforzi il rapport con questi soggetti, la comunicazione potrebbe durare all'infinito.

Se non te la senti di essere brusco con la persona in questione puoi, all'inizio del suo intervento, farle capire in modo cortese e sorridente, la necessità di essere più breve possibile, richiamandola al rispetto di un limite di tempo. È utile anche richiamare alle regole del gioco, sempre in modo elegante e garbato, suggerendo di interessarsi anche ad altri punti di vista. Potresti dirle: «È molto interessante quello che dice; su questo vorrei sentire anche il parere di... (coinvolgi un'altra persona)»; oppure: «Pur essendo il suo punto di vista interessante, non posso concederle più spazio; dobbiamo andare avanti...» Validissima, inoltre, la tecnica che utilizza lo spazio. Cambia posizione sul palco e, contemporaneamente, assumi una diversa postura; ad esempio quella del *Confusionario*, che servirà per spiazzarla inconsciamente.

Per esperienza, però, ti posso dire che anche se blocchi la comunicazione in maniera brusca (ma non sgarbata) questo tipo di persone non recepiranno un messaggio negativo perché la loro attenzione è focalizzata su loro stesse anziché su di te. È proprio per questo motivo che ti consiglio di essere piuttosto deciso, altrimenti rischi che non ti sentano affatto.

SEGRETO n. 44: fai sentire importante il "professore" e interrompi velocemente lo schema con il "trapano".

Vi sono, infine, persone che parlano tra loro come compagni di banco ai tempi della scuola e che creano un fastidioso brusio. Normalmente è bene chiedere di parlare uno alla volta. Se il brusio continua, fai una pausa, e smetteranno subito di parlare. Efficace è anche guardarli negli occhi, fare un sorriso o citare i loro nomi. È bene anche renderli partecipi con frasi come: «Vorrei conoscere anche il tuo punto di vista, Adalberto!».

Obiezioni. Sulle obiezioni devi essere molto cauto. Come ti ho già detto, devi assolutamente evitare il conflitto. Evita anche di dare giudizi fuori luogo o di fare critiche alla persona, anche se questa ti infastidisce. Nessuno mai accetta serenamente giudizi sul proprio modo di comportarsi, specialmente se si trova in gruppo. La critica è ugualmente inutile perché mette la persona sulla difensiva e suscita risentimento. Una situazione del genere darebbe fastidio anche al resto del pubblico che è d'accordo con te.

Chi si sente ripreso è indotto immediatamente a cercare una giustificazione, a difendersi o, anche, a ritorcere l'accusa contro di te. Ricordati che *la mappa non è il territorio* e chi obietta ritiene di avere ragione secondo la propria *mappa del mondo*. In questi casi, il tuo obiettivo deve essere quello di **rimanere in rapport**. Qualunque scambio di parole, se sorretto dal rapport, porterà a un epilogo produttivo e soddisfacente per tutti.

Ti do alcuni consigli. Ricalca le parole della persona che ti muove l'obiezione, il suo tono di voce e usa alcuni suoi vocaboli. Adattati al suo ritmo percependo il suo respiro. Individua il suo sistema rappresentativo prevalente ascoltando attentamente i predicati che utilizza e rivolgiti a lei attraverso quel sistema.

Se mentre parla tu incarni il modello del *Calcolatore*, le darai l'impressione che stai prendendo seriamente in considerazione quello che dice (e in effetti è la verità). Se senti di perdere il filo, **concentrati sul tuo baricentro** e ritrova lo stato del trainer. Tutto questo ti servirà a ricreare le condizioni ambientali e psicologiche ottimali per una comunicazione efficace e soddisfacente. In quello stato, cerca di far capire che **ti stai sinceramente interessando al suo punto di vista**, perché, in fondo, è questa la chiave di tutto. Chi critica, spesso si sente frustrato; sicuramente è una persona che non è stata ascoltata; ma tu, da esperto del rapport, sei in grado di capire il suo stato d'animo e di rivolgerti a lei nel modo che desidera.

SEGRETO n. 45: di fronte a obiezioni evita il conflitto ed evita anche di dare giudizi o fare critiche alla persona; rimani in rapport e fai capire che ti stai sinceramente interessando al suo punto di vista.

Devi cercare di immedesimarti in lei e, attraverso il suo modo di essere, esprimere le tue idee. Se hai l'impressione di **essere attaccato personalmente**, la cosa immediata da fare è, ancora una volta, ricalcare le esatte parole per iniziare a ricreare il rapport; poi cambiare posizione, spostandoti anche di poco, per disinnescare l'ancora spaziale negativa; cambiare postura e cominciare a guidare il discorso verso **concetti più generalizzati, universali** che possano includere anche il punto di vista della persona che ti attacca e, da quel punto, elaborare una soluzione nuova.

Un esempio di risposta a una contestazione potrebbe essere il seguente: «*Mi corregga se sbaglio* (categoria del *Calcolatore*), *lei non è d'accordo sul fatto che il contributo che abbiamo dato alle associazioni di ricerca sia sufficiente* (ricalco verbale). *Mi rendo conto che le associazioni di ricerca siano oggi una delle poche speranze della nostra epoca.* (Cambi posizione e ti rivolgi all'uditorio diventando leggermente *Accusatore*). *E gli sforzi compiuti da ogni singolo associato andrebbero valorizzati maggiormente e non solo dal punto di vista economico.*

Quello che possiamo fare adesso è (assumi un tono di voce discendente guardando l'interlocutore negli occhi) *porre le basi per l'aumento del contributo, attraversando le tappe obbligatorie che esso comporta. Dobbiamo passare necessariamente attraverso la presa di coscienza di questi valori. Beninteso, si tratta di un'evoluzione e, come tale, ha dei tempi fisiologici di assimilazione.*

Mi assumo la responsabilità di velocizzare il più possibile questi tempi; ho una profonda fiducia in quello che fate e sarò in grado di trasmettere questa fiducia a chi di dovere per ottenere insieme il vostro meritato riconoscimento.»

Come vedi, in questo esempio vi è un iniziale ricalco cui segue un riconoscimento della posizione altrui; un innalzamento verso valori condivisi, sfruttando generalizzazioni, termini indefiniti e universali (*...speranze della nostra epoca*). Infine, una *guida* che sposta la responsabilità su qualcun altro, indefinito (*... a chi di dovere*) e, contemporaneamente, un'assunzione di responsabilità dell'oratore per trovare la soluzione, seppure in modo graduale (*... ha dei tempi fisiologici di assimilazione*). Così facendo, il contestatore si sentirà appagato perché la sua obiezione è stata accolta, la sua posizione riconosciuta e gli è stata data anche una speranza.

SEGRETO n. 46: se hai l'impressione di essere attaccato, cambia posizione, postura e comincia a guidare il discorso verso concetti più generalizzati, universali che possano includere anche il punto di vista di colui che ti attacca; e da lì elabora una soluzione nuova.

Ci sono, infine, dei giorni in cui proprio non riesci ad essere un artista del rapport. Non preoccuparti, capita a tutti; altre volte potresti avere la prontezza per gestire le obiezioni. In ogni caso, anche in quei momenti puoi cavartela suggerendo al pubblico di rimandare le domande alla chiusura dell'esposizione, in modo da esaurire più in fretta l'argomento.

Spesso accade che, così facendo, la persona trovi da sola la risposta o che non sia più interessata o che si dimentichi addirittura di muoverti l'obiezione. Se nulla è efficace di fronte a un disturbatore, devi richiamare la sua attenzione verso valori più alti; nel senso che esiste una specie di "accordo superiore non scritto" che va osservato da tutti e che impone il rispetto delle regole dell'educazione e della correttezza; altrimenti non ha più senso nulla, compreso il tuo essere lì.

SEGRETO n. 47: se nulla è efficace, devi richiamare l'attenzione verso valori più alti.

Finale: come chiudere tuo intervento e "scolpire" le emozioni nel pubblico

Come abbiamo già visto, tra le cose che il pubblico ricorda maggiormente c'è la parte finale del tuo intervento. Essa va curata in modo particolare, sia che si tratti di un discorso improvvisato, sia che si tratti di una giornata di formazione. Pensa che, confezionando un buon finale, hai l'opportunità di far sì che le persone escano con un'emozione che si porteranno a casa.

Nel finale devi includere quattro elementi:

1. riassunto;

2. invito ad agire;

3. ringraziamento;

4. emozioni.

In alcune situazioni (lunghe presentazioni, corsi di formazione, cerimonie particolari ecc.) vanno inclusi necessariamente tutti e quattro. In altre, come un discorso breve, improvvisato o informale, devi valutare cosa vuoi che il pubblico porti a casa. Naturalmente, qui di seguito farò riferimento a situazioni formali, nelle quali devono sussistere tutti e quattro gli elementi ricordati.

SEGRETO n. 48: nel finale devi includere quattro elementi:
1. **riassunto;**
2. **invito ad agire;**
3. **ringraziamento;**
4. **emozioni.**

Puoi riassumere quanto hai detto in maniera tradizionale o, se si tratta di formazione, puoi farlo in forma "ipnotica". In quest'ultimo caso, fai rilassare il pubblico con una respirazione profonda e fai un riassunto di tutto quello che i partecipanti **hanno imparato**, cercando di suscitare in essi immagini mentali in cui vedono loro stessi mentre applicano i principi appresi. In alcuni casi è possibile aggiungere un sottofondo musicale appena percettibile e puoi suggerire loro di ascoltare a occhi chiusi.

"Invito ad agire" significa chieder loro di applicare quanto hanno appreso. Chiedi sempre di fare qualcosa di specifico, ossia qualcosa che i presenti possono realmente fare; che sia, dunque, inizialmente semplice e che dia loro un riscontro sicuro e immediato.

Infine, una parte imprescindibile: un discorso finale possibilmente emozionante, magari che faccia venire i brividi. Deve essere breve e incisivo. In esso devi inserire i ringraziamenti per chi ha organizzato il tuo intervento ma, soprattutto, devi ringraziare il pubblico che ti ha ascoltato e dal quale anche tu hai imparato qualcosa che rimarrà nei tuoi ricordi per sempre.

Esprimi sinceramente il tuo piacere ma fallo solo se hai realmente provato piacere. Ricorda i momenti passati insieme anche a pranzo; qualche battuta, qualsiasi cosa che possa suggerire che sei diventato uno di loro. Ti ripeto ancora che se desideri veramente che ai tuoi ascoltatori vengano i brividi, non basta la tecnica di parlare con il tronco; è necessario che tu dica le cose *sinceramente e con tutto il cuore.*

SEGRETO n. 49: se desideri veramente che ai tuoi ascoltatori vengano i brividi, non basta la tecnica di parlare con il tronco; è necessario che tu dica le cose *sinceramente e con tutto il cuore.*

RIEPILOGO DEL GIORNO 7:

- SEGRETO n. 39: nel cerimoniale, più è formale la situazione e più effetto avranno le rotture degli schemi.

- SEGRETO n. 40: la cosa migliore è dichiarare l'errore, senza problemi; esiste poi la possibilità di *dissociarsi* da esso usando il principio delle ancore.

- SEGRETO n. 41: quando ti viene rivolta una domanda, rispondi e poi chiedi alla persona se *hai risposto*; mentre lo fai, sottolinea leggermente la parola "risposto"; non chiederle se è soddisfatta della risposta.

- SEGRETO n. 42: quando rispondi cerca di ricalcare le esatte parole, riformulando tu stesso la domanda.

- SEGRETO n. 43: se non sai rispondere immediatamente, rivolgi la domanda a tutto l'uditorio.

- SEGRETO n. 44: fai sentire importante il "professore" e interrompi velocemente lo schema con il "trapano".

- SEGRETO n. 45: di fronte a obiezioni evita il conflitto ed evita anche di dare giudizi o fare critiche alla persona; rimani in rapport e fai capire che ti stai sinceramente interessando al suo punto di vista.

- SEGRETO n. 46: se hai l'impressione di essere attaccato,

cambia posizione, postura e comincia a guidare il discorso verso concetti più generalizzati, universali che possano includere anche il punto di vista di colui che ti attacca; e da lì elabora una soluzione nuova.

- SEGRETO n. 47: se nulla è efficace, devi richiamare l'attenzione verso valori più alti.
- SEGRETO n. 48: nel finale devi includere quattro elementi:
  1. riassunto;
  2. invito ad agire;
  3. ringraziamento;
  4. emozioni.
- SEGRETO n. 49: se desideri veramente che ai tuoi ascoltatori vengano i brividi, non basta la tecnica di parlare con il tronco; è necessario che tu dica le cose *sinceramente e con tutto il cuore*.

Conclusione

Siamo arrivati alla fine del nostro viaggio. La mappa che abbiamo utilizzato fino a questo punto, però, ci indica che il percorso continua, solo per te, all'infinito. Da questo momento, infatti, sei capace di continuare per la tua strada, nella consapevolezza che dentro di te hai tutto ciò che ti serve per emozionare le persone che ti sono accanto; sei in grado di fare anche tu la differenza in un mondo che tende, a volte, a privilegiare la superficialità.

Come ogni corso che si rispetti, questo, più che mai, pretende che tu **metta in pratica ciò che hai appreso**. Non importa da dove parti. Se c'è un argomento che ti ha catturato prima o più degli altri inizia da quello. Man mano che procederai nel percorso, ti renderai conto che tutti gli argomenti confluiscono in una direzione unica. È la direzione della congruenza. Quando, infatti, comincerai a padroneggiare i primi strumenti, ti accorgerai che la strada non può che essere quella e anche le altre strategie ti sembreranno ovvie. E, man mano che andrai avanti, tutte le risorse che hai dentro verranno incluse, in maniera naturale, nella tua competenza inconscia.

Ma il mio invito ad agire non è riferito solo al tuo comportamento, perché, come ormai sai bene, le nostre azioni sono influenzate dalle nostre convinzioni. E la prima convinzione riguarda te stesso, la tua identità che da oggi deve essere quella di un *comunicatore straordinario*. Il nostro viaggio è partito da *dentro* ed è lì che dovrà risiedere, per sempre, questa prima, fondamentale convinzione.

Riconosci le profonde implicazioni che si celano dietro l'espressione «comunico quindi esisto». Tutto inizia dal tuo desiderio di voler vivere questa esistenza a un livello di consapevolezza più elevato. E la consapevolezza si manifesta attraverso la scoperta continua dei legami che ti uniscono a tutto ciò che ti circonda. Ti invito, dunque, a sperimentare ogni giorno, in qualunque situazione e con qualunque essere umano il potere della comunicazione emozionale.

Se decidi, da oggi, di impegnarti a vivere nella sintonia, nel rapport e a scoprire cosa c'è veramente oltre le parole, vuol dire che hai scelto deliberatamente di esplorare il mondo con una nuova consapevolezza. E questa scelta farà veramente la differenza nella tua vita perché non solo riuscirai a raggiungere i risultati che desideravi ma ti renderai conto che cambieranno i tuoi stessi desideri. Scoprirai che esistono nuove mete da raggiungere che prima ritenevi impossibili o fuori dalla tua portata.

Forse, fino a ieri, non riuscivi a comunicare con qualche familiare o con qualcuno che ti è vicino per motivi che non sei riuscito a capire pienamente. C'era qualcosa che ti bloccava. E, probabilmente, questo rapporto un po' limitato ha influenzato una parte della tua vita o alcune tue scelte. Ebbene, credo che questa sia la tua occasione per cambiare questo schema limitante ed evolverlo in maniera che possa essere utile e produttivo per tutti e due.

Grazie alle tue nuove conoscenze hai la possibilità di **scomporre il problema** e di analizzare separatamente tutte le componenti di esso fino a capire esattamente cosa puoi realmente modificare per un vantaggio comune.

Potresti scoprire che è solo un diverso modo di percepire la realtà. Magari devi comunicare con una certa persona privilegiando il canale *auditivo*, anziché quello *visivo*; oppure potresti renderti conto che avevi delle convinzioni limitanti sul suo conto che ti impedivano di comunicare efficacemente con lei. Adesso conosci i meccanismi fondamentali della comunicazione umana e, da oggi, puoi impegnarti seriamente nell'abilità di padroneggiare questi strumenti fino a renderli naturali; ciò ti sarà d'aiuto per creare legami soddisfacenti e duraturi, soprattutto con le persone che ti stanno a cuore.

Molte persone hanno recuperato rapporti affettivi dopo anni di chiusura; altre sono riuscite a coltivare relazioni ritenute impensabili fino a poco prima. La vita ha sempre tante sorprese da regalarci ma tu, grazie al sapiente utilizzo delle risorse che hai dentro, puoi anche decidere di *anticiparti* qualche sorpresa, non credi?

Poi continua nella tua evoluzione ed estendi le tue abilità anche ad altri contesti. Scoprirai, ad esempio, che parlare in pubblico è un'esperienza a dir poco esaltante. Quando arriverai al punto di provocare stati nel pubblico a comando, ti sembrerà di avere realmente dei superpoteri. Ma tu sai che il vero potere non è quello. Pensaci bene; ora sei in grado di arrivare nel profondo del cuore, sei capace di far vibrare l'anima di chi ti ascolta e, allora, il passo successivo è sfruttare questo dono e utilizzarlo anche per migliorare la realtà che ti circonda.

Le persone che riescono a comunicare con efficacia sono persone libere e hanno la capacità e gli strumenti per aiutare anche gli altri individui a liberarsi da schemi, paure, e inibizioni che non permettono loro di affrontare la vita in modo sereno. Ora che conosci i segreti della comunicazione, senti la responsabilità e l'orgoglio di avere un ruolo più alto in questa esistenza. Puoi contribuire anche tu alla costruzione consapevole di un mondo migliore, più autentico, più libero, più stimolante; un mondo al quale tutti abbiamo realmente il desiderio di appartenere.

E adesso che siamo veramente sul punto di stringerci idealmente la mano, desidero ringraziarti, con tutto il cuore, per la scelta che hai fatto, leggendo questo ebook, di metterti in gioco, concedendoti l'opportunità di guardare i rapporti umani con occhi nuovi. Grazie per aver condiviso con me il tuo tempo, i tuoi pensieri, le tue incertezze e le tue conferme. Sappi che non ci divideremo completamente perché sarò sempre a tua disposizione. Mi farà davvero piacere avere tue notizie per sapere quali cambiamenti hai portato alla tua vita; quanti legami hai saputo tessere e quali nuovi risultati hai raggiunto.

Ricorda che sei tu a creare la realtà che ti circonda e che tutto quello che fai accadere nasce sempre da un pensiero che risiede nel profondo della tua straordinaria persona. Adesso voglio che immagini una porta davanti a te; aprila e guarda l'universo intorno a te: benvenuto fra i comunicatori straordinari!

Un abbraccio forte

Roberto Pulmbo

Per qualunque richiesta e per partecipare al seminario
"Comunicatori straordinari!®" scrivimi: info@palumbonline.it